KB202552

읽는 기도

몸과 마음 치유기도

예수님께서 주신 주기도문처럼
쉽게 소리내어 읽는 기도문!

평안을 너희에게 끼치노니 곧 나의 **평안**을 너희에게 주노라
내가 너희에게 주는 것은 세상이 주는 것과 같지 아니하니라
너희는 마음에 근심하지도 말고 두려워하지도 말라 요4:27

더하트

읽는기도 (몸과 마음 치유기도)

초판 1쇄 인쇄 2024년 10월 28일
초판 2쇄 발행 2025년 01월 24일

지은이   무명의 기도자
펴낸이   황성연
펴낸곳   도서출판 더하트
출판등록   제 2024-000016호
주문처   하늘유통
주소   경기도 파주시 광탄면 혜음로883번길 39-32
전화   031-947-7777
팩스   0505-365-0691
홈페이지   www.jesus-jesus.com
ISBN   979-11-941771-73 03230

읽는 기도

몸과 마음 치유기도

더하트

다니엘이 이 조서에 왕의 도장이 찍힌 것을 알고도
자기 집에 돌아가서는 윗방에 올라가
예루살렘으로 향한 창문을 열고 전에 하던 대로
하루 세 번씩 무릎을 꿇고 기도하며
그의 하나님께 감사하였더라 _단 6:10

모든 민족을 제자로 삼으라고 말씀하신 아버지와 아들과 성령의 이름으로 온전한 기도의 번제를 올려 드립니다. 읽는 기도문 시리즈는 기도가 무엇인지 잘 모르시는 분과 기도를 도무지 어떻게 해야 할지 어려워하시는 분을 위하여 만들어졌습니다. 특별히, 질병과 물질과 사람들로 인한 고난 가운데 있는 하나님의 사람들이 기도문을 가지고 기도하실 때에 기도의 힘을 받아 능히 상황과 환경을 이길 수 있도록 쓰인 기도문입니다. 더 나아가 기도의 깊은 경지에 이르기를 원하시는 모든 이들에게 하늘보좌 앞 금 제단에서 내려오는 축복이 이 기도문을 통하여 임하시기를 기도합니다.

이 기도책은 성경에 기록된 하나님의 말씀을 믿음으로 고백하며 올려 드리는 영의 기도입니다. 예수 그리스도의 마음을 담아 _____성도님께 두 손 모아 안겨 드립니다.

따라서 모든 믿음과 기도의 기준은 성경 말씀을 기준으로 하는 것이 가장 중요합니다. 하나님이 원하시는 뜻대로 기도하고 살아가시는 여러분들이 되시길 바랍니다. 예수님 외에 절대 구원은 없습니다. "나 곧 나는 여호와라 나 외에 구원자가 없느니라" (사43:11) 천국문으로 안내하는 구원의 기준은 예수 그리스도이시며 오직 성경 말씀만이 100%진리입니다. 그러므로 여러분들이 신뢰할 수 있는 가장 확실하고 정확한 말씀을 믿고 기도하는 것이 하나님께서 기뻐하시는 영의 예배요, 거룩한 기도라는 것을 기억하시기 바랍니다.

- 예수님을 사랑하는 기도자가 드립니다 -

이 책은 말씀으로 기록한 치유기도책입니다.

이와 같이 성령도 우리의 연약함을 도우시나니 우리는 마땅히 기도할
바를 알지 못하나 오직 성령이 말할 수 없는 탄식으로 우리를 위하여 친히
간구하시느니라 롬 8:26

이 기도문은 독자로 하여금 가장 기도하기 쉽게 발음의 편의를
고려하여 쓰여졌습니다. 그래서 문법적인 요소를 모든 곳에 적용
하지 않았음을 알려 드립니다. 말씀이 기도문에 자연스럽게 녹아
있으므로 직접 읽어보시면, 입가에서 기도문장이 자연스럽게 맴
돌며 읽혀지실 것입니다. 그 이유는 성령께서 기도의 길을 미리
닦아 놓으시고, 기도의 문이 열리도록 여러분들의 심령에 성령님
의 운행이 있으시기 때문입니다. 이미 1년이란 시간 동안 주변에
있는 기도자들이 함께 참여해 본 후 충분한 시간을 놓고 기도하
여 검증된 기적의 열매들이 현장에서 쏟아져 나온 치유기도문입
니다. 따라서, 여러분이 어떤 마음가짐으로 읽어 나가시느냐에 따
라 기도의 불이 더 강하게 붙을 수도 있습니다. 마치 며칠을 굶주
린 사람이 밥을 먹을 때 늑장부리며 느긋하고 여유롭게 먹지 못
하고 오직 밥상 한곳만 쳐다보며 열심히 먹는 것처럼... 사막 한
가운데에서 갈증의 한계치로 쓰러지는 자가 시원한 냉수 한 잔을
마셔도 간절한 마음과 이제는 살 수 있겠다는 생각으로 벌컥 벌
컥 물을 마시는 것처럼...

그러나 그리 아니할지라도, 그저, 조근 조근 **소리 내어 한 문장씩 읽어 나가기만 하셔도 기도의 불이 쉽게 붙게 됨을 몸소 경험**하시게 되실 것입니다. 여러분이 실제 체험해 보시고 직접 경험해 보세요!

- 하나님의 마음과 내 마음을 일치시키시는 성령님 감사합니다 -

나의 왕, 나의 하나님이여
내가 부르짖는 소리를 들으소서 내가 주께 기도하나이다
여호와여 아침에 주께서 나의 소리를 들으시리니
아침에 **내가 주께 기도하고 바라리이다** _시 5:2-3

차 례

무명의 저자가 주는 영적인 메시지

네가 이스라엘 자손의 수효를 조사할 때에 조사 받은 각 사람은
그들을 계수할 때에 자기의 생명의 속전을 여호와께 드릴지니
이는 그들을 계수할 때에 그들 중에 질병이 없게 하려 함이라 출 30:12

여호와께서 또 모든 질병을 네게서 멀리 하사 너희가 아는 애굽의 악질에
걸리지 않게 하시고 너를 미워하는 모든 자에게 걸리게 하실 것이라
신 7:15

마침 그 때에 예수께서 질병과 고통과 및 악귀 들린 자를 많이 고치시며
또 많은 맹인을 보게 하신지라 눅 7:21

여러분의 손에 있는 치유기도문은 성경 안에 녹아 있는 하나
님의 말씀으로 기록된 기도문입니다.

그러므로 여러분의 영적 유익에 큰 힘을 얻게 해 줄 것이고 육
적인 문제까지도 해결 받을 수 있는 능력이 임하는 기도문입니다.

이 치유기도문으로 이미 전국에 있는 많은 분들이 실제 현장
에서 말로 표현할 수 없는 치유 경험을 하게 하셨고 제가 따로 보
고를 받은 것들도 매우 다양하리만큼 많았습니다.

그 분들의 증언에 따르면 종합병원과 대학병원에서 진단받은
질병들이 성령의 도우심과 예수님의 보혈로 해결 받으셨다고 입

을 모아 증언해 주셨습니다.

그리고 전국에 있는 많은 분들이 기도문 책을 직접 눈으로 보고 읽으며 밑줄도 그어가면서 기도하고 싶다고 하셨고 그렇게 하기를 원하셨어서 가장 저렴한 가격으로 안길 수 있도록 주님의 마음을 담아 집필하게 되었습니다.

그러므로 이 기도문으로 기도하실 때 말씀 속에서 운행하시는 예수 그리스도의 보혈과 성령의 치유가 여러분들의 마음과 몸을 한꺼번에 고치실 것을 믿고 즐겁게 기도해 보시기를 바랍니다.

기왕에 기도하는 것이면 믿고 기도하시고 생각과 마음속으로라도 세상적인 육의 판단을 버리시고 깨끗하고 맑은 마음으로 기도하시길 바랍니다.

치유가 더 확실하게 임하시게 하시려면 읽는 기도책에 있는 성령기도〉〉보혈기도〉〉대적기도〉〉회개기도를 하신 후 치유기도문을 소리 내어 읽으시면 더욱 강력한 치유의 불이 임하게 됩니다.

여러분이 직접 성령의 임재와 그리스도의 도우심으로 자가 치유사역을 하실 수 있다는 것은 엄청난 축복이요 하늘의 권세인 것입니다.

이제부터 지속성을 가지시고 꾸준하게 그의 나라와 의를 구하는 최고의 기도를 시작해보세요.

하나님께서는 밤낮 부르짖는 택하신 자들의 원한을 풀어 주실 것입니다. 기도하는 당신에게 오래 참지 않으십니다. 그보다 오래 참지 못하실지도 모릅니다. 왜냐하면, 하나님은 자녀들의 기도를 하루 속히 들으시고 영의 기도는 빠르게 응답해 주시고 싶어 하기 때문입니다.

영접하는 자 곧 그 이름을 믿는 자들에게는
하나님의 자녀가 되는 권세를 주셨으니

[요한복음 1:12]

1부

하나님의 자녀가 되는 권세

1부 기도

예수님을 마음에 영접하는
세상에서 가장 아름다운 기도문

영접하는 자 곧 그 이름을 믿는 자들에게는
하나님의 자녀가 되는 권세를 주셨으니 요 1:12

하나님이 하늘과 땅에서 보이는 것들과 보이지 않는 것들을
창조하셨습니다.
지금 저는 내 눈에 보이는 세상과 눈에 보이지 않는 저
천국이 있음을 알게 됩니다.
하나님이 눈에 보이지 않는 공기도 만드시고 태양에서
나오는 다양한 광선도 필요에 맞게 만드셨고 수많은
기체들도 하나님이 기능에 맞게 만드셨습니다.
세상을 보면 만물이 다 원리가 있고 목적에 맞게
만들어졌음을 뒤늦게 알게 되었습니다.
눈에 보이지 않는다고 존재하지 않는 것이 아닌데 저는 눈에
보이는 것만 좇아서 살아왔습니다.
사람이 자동차를 만들어도 그 모양은 다르지만 그 안에 있는
원리는 동일하듯이 고양이과 동물들을 바라보아도 입과 눈과
귀 주변을 보면 비슷한 원리들이 나타나 있음을 보게 됩니다.

그리고 사람이 자동차를 만든 분명한 목적이 있는 것처럼
우리가 하나님의 형상을 닮고 하나님의 창조 능력을 가지고
있기 때문에 그 지혜로 의도적인 계획과 확실한 목적을
가지고 자동차를 만들게 된 것도 알게 되었습니다.
작은 종이 상자 하나를 만들어도 네모난 상자가 나오려면
숨겨진 전개도가 있기 마련이고 종이 상자를 만들어서
필요한 곳에 사용하기 위한 확실한 목적을 가지고 만들게
됩니다.
이제보니 모든 과학적 원리의 지혜라는 것도 하나님의 창조
능력으로부터 나오게 됨을 어렴풋이 알게 되었습니다.
우리는 하나님이 창조하신 숨겨진 과학적 원리를 조금씩
찾아내는 것 뿐이었음을 알게 되었습니다.

살아가면서 사방을 아무리 둘러보아도 하늘에 있는 태양부터
시작하여 모든 것들을 하나님이 의도적인 사랑으로 나를
위하여 만드신 것이 아니라면 이 거대하고 정교한 시스템이
우연히 만들어질 이유가 조금도 없음을 깨닫게 됩니다.
하나님 이런 사실을 지금이라도 알게 해주시니 너무나
감사드립니다.
이제는 곳곳마다 하나님의 손길이 느껴지고 여기에도
저기에도 창조주 하나님의 흔적을 보게 됩니다.

그리하여 자연스럽게 하나님이 보내 주신 예수 그리스도를
내 마음에서 믿어지게 됩니다.

자연을 보아도 하나님을 알 만한 것들이 창조된 피조물 속에
숨겨져 있음이 이제는 제 마음의 눈에도 보이게 되어 참으로
놀랍기만 합니다.

하나님께서 살아 계신 창조주의 존재를 나에게 나타내
보이시려고 모든 만물을 통하여 보이신 것이 분명하게
보이고 그 진리를 알게 되었습니다.

창세로부터 보이지 아니하는 주님의 영원하신 능력과
신성이 주께서 만드신 만물에 보여 분명히 알려졌으니
저는 이제부터 창조주 예수 그리스도를 내 마음에 믿기를
원합니다.

끝까지 자기 고집과 죄에 대한 교만을 가지고 세상을
살아간다면 이제는 하나님의 심판대 앞에서는 절대 핑계하지
못할 것입니다.

예수님이 나의 모든 죄를 사하시고 천국으로 인도하시기
위해 십자가에서 내 모든 죄값을 대신 치루시고 죽으신
후에 성경의 약속대로 삼일만에 부활하신 진리를 내 마음에
믿습니다.

예수님이 나를 위해 죽으시고 장차 천국에 오게 하기 위하여
나를 위해 부활하신 이 진리를 내 마음에 믿고 입으로
시인하여 고백합니다.
주님께서 믿음의 선물을 나에게 주셔서 내 마음에
그리스도를 믿게 하여 주시고 실제로도 올바로 믿도록
도와주시옵소서.
이제는 보혈의 은혜로 새롭게 마음이 변화되어 거듭난 자로
살기를 원합니다.
지금까지 하나님을 모른 채 내 생각과 감정대로 살아온 모든
죄를 회개합니다.

단순히 후회로 그치는 것이 아니라 예수님의 십자가 보혈로
나의 모든 죄가 깨끗이 용서받기를 원하여 기도합니다.
생각으로 지은 죄를 용서해 주시옵소서.
마음으로 지은 죄를 용서해 주시옵소서.
눈으로 지은 죄를 용서해 주시옵소서.
귀로 지은 죄를 용서해 주시옵소서.
손으로 지은 죄를 용서해 주시옵소서.
발로 지은 죄를 용서해 주시옵소서.
죄인지 모르고 지은 모든 죄와 무의식적으로 지은 죄와
꿈에서 지은 죄도 보혈로 용서해 주시옵소서.

모든 죄를 깨끗이 용서받아 예수님의 생명책에 내 이름이
기록되기를 간절히 간청합니다.
지옥 갈 나를 십자가의 은혜로 구원해 주신 예수님께 빚진
자로 살고 싶습니다.
주님이 나를 도우시고 모든 죄의 구덩이에 빠지지 않도록
도와주시옵소서.
예수님의 모든 행적은 역사서에서도 굵직하고 선명하게
기록되어 있고 전 세계 모든 역사를 기준하는 B.C는
Before Christ의 줄임말로 모든 사람들이 직접 눈으로
보고 예수님의 십자가와 부활의 사건을 진리 가운데 알게
하셨습니다.

저는 이제 부활의 자녀로서 하나님의 자녀 됨을 믿고
선포합니다.
예수님을 믿으면 이제 나도 주님처럼 부활의 몸을 입을 수
있음을 믿습니다.
저는 지금부터 이 진리를 성경 말씀을 통해 하나씩
알아가고자 합니다.
어떻게 하면 주님과 함께하는 기도를 하게 되는지 어떻게
살면 주님과 함께 살아가는 삶을 살아가는지를 한 걸음씩
걸어 나아가기를 원합니다.

하나님이 내 생각을 다스려 주시고 하나님이 내 마음에
오셔서 조금씩 깨닫게 해주시고 알게 해주시옵소서.
예수님, 이제 내 마음에 주님이 오셨으니 내 삶의 주인이
되어 주시고 나를 영원한 천국으로 이끌어 주시옵소서.
조금씩 나아가겠습니다.
한 걸음씩 나아가겠습니다.
시간이 지나갈수록 지금 이 첫 마음을 잃지 않고 성장하게
하여 주시옵소서.
자라나게 하여 주시옵소서.

세상에 마음이 빼앗기지 않게 도와주시옵소서.
세상에서 먹고 살려면 돈을 벌어야 하고 사람들을 만나야
하는데 그 속에서 상처받고 실망하다가 예수 그리스도의
진리를 놓치지 않기를 원합니다.
나는 죄를 이기지 못하고 세상을 이기지 못하지만 내 마음에
계신 하나님이 할 수 있는 하늘의 힘을 주시고 천국으로 꼭
이끌어 주시길 원합니다.
예수님을 놓치지 않겠습니다.
멀뚱히 있다가 진리의 기억이 흐려지지 않게 하겠습니다.
끝까지 말씀대로 작은 것부터 순종하며 살아내서 하나님께
칭찬받는 자로 서기를 간구합니다.

예수 그리스도의 보혈이 내 생각과 마음에서 영원히 마르지
않게 도와주시옵소서.
오늘 예수님의 권세로 구원받은 이 감동을 잊지 않고 이
감격을 세상으로부터 빼앗기지 않도록 도와주시기를
간청합니다.
예수님을 믿습니다.
예수님이 천국길이십니다.
예수님이 진리이십니다.
예수님이 부활이요 생명이시니 예수님을 믿는 자는 죽어도
살겠고 살아서 예수님을 믿는 자는 영원히 죽지 않을 것을 내
마음에 믿.습.니.다.
감사합니다.
고맙습니다.
존경합니다.
사랑합니다.

이 모든 기도를 나를 위해 십자가에서 죽으시고 부활하신
나의 주 예수님의 이름으로 간절히 기도 올려 드립니다. 아멘.
소리 내어 여호와께 간구해 보십시오.
즐거운 기쁨의 소리가 계속될 것입니다.
즐거운 감사의 소리가 지속될 것입니다.

즐거운 겸손의 소리가 연속될 것입니다.

보혈의 권세로 의인된 여러분들의 장막 안에 기도의 기쁜 소리를 만들어 보세요.

주님의 모든 일을 작은 소리로 읊조리며 여러분의 심령 안에 기도의 기쁜 소리를 만들어 보세요.

주님의 모든 일을 작은 소리로 읊조리며 주의 행사를 작은 기도 소리로 되뇌이며 살아보세요.

주께서 여러분의 간구하는 소리를 들으시고 작은 소리로 읊조릴 때에 성령의 불이 붙게 됨을 알게 되실 것입니다.

지금 하나님이 여러분의 기도 소리를 듣고 계십니다.

그러므로 여러분의 목소리로 하나님께 기도의 소리와 부르짖음과 함께 기도하시면 주님께서는 하나님의 성산에서 영의 기도로 흠향하시고 즉시 응답해 주실 것입니다.

무엇이든지 속된 것이나 가증한 일 또는 거짓말하는 자는 결코 그리로 들어가지 못하되 오직 어린 양의 생명책에 기록된 자들만 들어가리라

계 21:27

누구든지 생명책에 기록되지 못한 자는 불못에 던져지더라 계 20:15

또 내게 이르시되 너는 이 모든 뼈에게 대언하여 이르기를
너희 마른 뼈들아 여호와의 말씀을 들을지어다
주 여호와께서 이 뼈들에게 이같이 말씀하시기를
내가 생기를 너희에게 들어가게 하리니 너희가 살아나리라
너희 위에 힘줄을 두고 살을 입히고 가죽으로 덮고
너희 속에 생기를 넣으리니 너희가 살아나리라
또 내가 여호와인 줄 너희가 알리라 하셨다 하라

[에스겔 37:4-6]

2부

말씀으로 선포하는 대언

2부 기도

단번에 드리는 치유기도

내 아버지께 복 받을 자들이여 나아와 창세로부터 너희를 위하여 예비된
나라를 상속받으라 마 25:34

성령의 불이 나에게 임하여 주시옵소서.

성령의 불이 불이 불이 불이 불이 나에게 임합니다.

성령을 믿음으로 마십니다.

생명수가 되게 하여 주시옵소서.

성령을 성령을 간구합니다.

성령의 불로 불로 불로 불로 불로 임재해 주시옵소서.

성령의 불이 불이 불이 불이 불이 임하여 주시옵소서.

성령을 성령을 믿음으로 마십니다.

생명수가 되게 하여 주시옵소서.

믿음으로 믿음으로 간구합니다.

예수님의 보혈을 나에게 뿌리고 바릅니다.

예수님의 피뿌림이 임하게 하여 주시옵소서.

예수님의 보혈을 나에게 뿌리고 바르고 덮습니다.

보혈 보혈 보혈 보혈이 임하기를 원합니다.

보혈의 능력이 생수가 되게 하여 주시옵소서.

보혈을 간구합니다.

예수님의 보혈을 믿음으로 마십니다.

예수님의 피를 내 영이 먹게 하여 주시옵소서.

예수님의 피와 살을 먹는 자마다 영원한 생명이 되게 하여 주시옵소서.

예수님의 피가 나의 생수가 되고 예수님의 살이 나의 양식이 되기를 간구합니다.

주 뜻대로 이루어 주시옵소서.

말씀이 내 입술의 고백을 통해 역사하여 주시옵소서.

말씀으로 기도하는 자에게 평안이 임할지어다.

기도하는 동안 겉사람과 속사람이 강건하여질지어다.

하늘문을 열어 주시옵소서.

내 마음의 문을 우리 주님께 열어 드립니다.

주님이 십자가의 피로 나를 사셨습니다.

그러므로 사나 죽으나 저는 주님의 것입니다.

성령과 보혈을 믿음으로 마십니다.

생명과 평안이 되게 하여 주시옵소서.

성령과 보혈을 내 영이 먹습니다.

그리스도의 피와 살로 채워 주시옵소서.

영원한 생명이 되고 영원한 양식이 되게 하여 주시옵소서.
그리스도 안에서 말씀 안에서 내 연약함을 고백하여 올려
드립니다.
세상에서 받은 내 상처가 거룩한 상급이 되게 하여
주시옵소서.
내 눈물과 고통이 아름다운 보화로 변하게 하여 주시옵소서.
지금의 고통을 그리스도 안에서 거룩한 고난으로 바꿔서
하늘의 칭찬과 상급이 되게 하여 주시옵소서.

내 억울함이 영광스러운 천국의 존영이 되기를 원합니다.
나의 답답함이 거룩한 인내가 되어 빛나는 면류관이 되게
하여 주시옵소서.
나의 섭섭함도 그리스도 안에서 섬김의 칭찬이 되게 하여
주시옵소서.
내 안에 있는 쓴뿌리가 거룩한 뿌리가 되어 가지도 거룩한즉
열매도 거룩해지기를 원합니다.

내 슬픔이 변하여 기쁨의 면류관이 되게 하여 주시옵소서.
나의 외로움이 기도의 상급이 되기를 간구합니다.
고통이 감사로 변하게 하여 주시고 애통이 기쁨과 희락이
되게 하여 주시옵소서.

내 희생의 눈물과 고난이 영광의 잔에 참여하는 신성한
성품이 되기를 간절히 간구합니다.
내 실패조차 우리 주님과 더욱 가까워지는 만남이 되게 하여
주시옵소서.
지금의 고통과 슬픔을 그리스도 안에서 거룩한 고난으로
바꿔서 하늘에서는 아름다운 칭찬과 면류관이 되게 하여
주시옵소서.
내 모든 삶을 성령으로 감사하여 나의 죄를 보혈로 용서받게
하여 주시고 의에 대하여서는 하늘에서 찾을 수 있게 은혜를
내려 주시옵소서.

세상에서 즐기지 못한 것이 내 영혼에 유익이 되어
천국에서는 가장 유명하고 천사도 흠모할 만한 존귀한 자로
서게 하여 주시옵소서.
예수 그리스도를 사랑하여 내 마음의 중심을 하나님께
향하면 세상에서 받은 모든 어려움이 하나님의 위로와
칭찬이 될 것을 믿습니다.
믿음으로 되게 하여 주시옵소서.
소망으로 이루어 주시옵소서.
사랑으로 완성하여 주시옵소서.
거룩으로 순종하게 하여 주시옵소서.

겸손으로 나를 낮추고 우리 주님을 더욱 높여 드리게 하여
주시옵소서.
그리스도 안에서 간구한 대로 모든 기도를 이루어 주실 것을
믿습니다.
그리스도의 보혈과 성령의 생명수를 내 겉사람과 속사람이
먹고 마실 때마다 내 배에서 생수의 강이 흘러넘치게 하여
주시옵소서.
더욱 강건해지기를 원합니다.

말씀 안에서 온전해지게 하여 주시옵소서.
여호와의 손이 나를 붙잡아 주시옵소서.
여호와의 손이 내 겉사람과 속사람을 치유하여 주시옵소서.
보좌로부터 임하는 치유의 광선이 상한 내 마음과 아픈
부위에 정확하게 임하여 주시옵소서.
성령의 불이 치유의 불로 임하여 즉시 치유하시고 응답해
주시옵소서.

보좌로부터 기쁨과 희락의 영이 임하기를 원합니다.
기쁨과 희락이 넘치고 아픔과 고통이 보혈의 권세로 사라질
것을 믿습니다.
억울한 눈물이 기쁨과 감사의 찬양으로 바뀌게 하여

주시옵소서.

예수님의 이름으로 막혔던 모든 것들이 시원하게 뚫어지기를 원합니다.

완전히 강건해지고 깨끗해지기를 원합니다.

내 양쪽 어깨에 있는 무거운 짐이 성령으로 가벼워지게 하여 주시옵소서.

하나님을 사랑하여 계명을 지키는 것이 무거운 것이 아님을 믿습니다.

내 눈에 있는 어두운 안개를 거두어 주시옵소서.

평강의 기쁨이 넘치기를 원합니다.

거룩한 소망이 넘치기를 간구합니다.

용서와 사랑하는 삶이 그리스도의 연합체가 되게 하여 주시옵소서.

성령의 불 불 불 예수님의 보혈 보혈 보혈.

성령의 불이 임하고 예수님의 보혈이 뿌려지기를 원합니다.

성령의 불 속에서 살게 하여 주시옵소서.

내 영이 예수님의 보혈 안에서 영원히 살기를 사모합니다.

성령의 불과 예수님의 보혈이 내 겉사람과 속사람을 반드시 회복시켜 주실 것을 믿습니다.

내 겉사람이 예수님의 보혈로 온전해질 것입니다.

내 속사람이 성령의 불로 녹아지고 새로워질 것입니다.

믿음으로 뛰어넘을 때마다 기적의 돌파가 있게 하여 주옵소서.

하나님께서 항상 함께하시고 동행해 주시는 축복권이 강력하게 임재해 주시옵소서.

말씀을 지켜 행하는 것은 예수님의 모습으로 사는 것임을 믿습니다.

하나님의 불이 임하게 하여 주옵소서.

예수 그리스도의 보혈이 임하기를 원합니다.

내 유익을 위해 주변 사람들을 이용하고 예수님의 이름마저 교묘히 사용한 죄를 용서해 주시옵소서.

교만하게 생각하고 교만하게 마음먹고 교만하게 행동한 죄를 예수님의 보혈로 사하여 주시옵소서.

하나님의 의를 내 소견대로 생각하고 내 방식대로 행동한 죄를 지었습니다.

속으로는 사람들을 정죄하고 판단하면서도 겉으로는 천사의 모습으로 웃고 있는 위선된 죄를 주님께서 아십니다.

하기 싫은 일도 나의 유익을 위하여 남을 이용하고 그럴듯한 말로 속인 죄를 지었습니다.

예수님의 보혈로 이 모든 죄에서 씻김 받기를 원합니다.

보이지 않는 죄까지도 보혈의 권세로 용서받기를
간구합니다.
형제 앞에 부딪힐 것이나 거칠 것을 두어서 죄를 짓게
만들었습니다.
내 말과 행동으로 주변 사람을 근심하게 만든 죄를 용서해
주시옵소서.
나의 교만과 고집으로 사람들에게 거리끼게 하는 일을
하였습니다.
내 자유가 남의 양심으로 판단 받지 않기를 원합니다.
내가 옳다고 말하는 것으로 심판대에서 내가 정죄 받지
않기를 원합니다.

모든 것이 내게 옳게 보여도 유익하지 않은 것을 분별하게
도와주시옵소서.
나의 유익을 구하는 것보다 남의 유익을 먼저 생각하는 자로
살게 하여 주시옵소서.
무엇을 하든지 죄에 얽매이지 않기를 원합니다.
믿음을 따라 하지 않은 모든 죄를 사하여 주시옵소서.
내 겉사람과 속사람이 죄에서 자유하게 하여 주시옵소서.
성령의 간구로 제단에 상달 되는 영의 기도를 올려 드립니다.
생각과 마음에서 거리낌 없는 삶을 살게 하여 주시옵소서.

세상적인 목표를 통하여 들어온 악한 영들아 예수님의
이름으로 묶임 받고 떠나갈지어다.
육신의 정욕을 통하여 들어온 욕심의 영들아 예수님의
이름으로 묶임 받고 떠나갈지어다.
이생의 자랑을 통하여 들어온 자랑의 영들아 예수님의
이름으로 묶임 받고 떠나갈지어다.

안목의 정욕을 통하여 들어온 유혹의 영들아 예수
그리스도의 이름으로 명하노니 저 무저갱으로 떠나갈지어다.
음란을 통하여 들어온 정욕의 영들아 예수님의 이름으로
명하노니 완전히 사라질지어다.
거짓을 통하여 들어온 정욕의 영들아 예수님의 이름으로
명하노니 완전히 사라질지어다.
욕심을 통하여 들어온 정욕의 영들아 예수님의 이름으로
명하노니 완전히 사라질지어다.

미움을 통하여 들어온 살인의 영들아 예수님의 이름으로
명하노니 완전히 사라질지어다.
시기와 질투를 통하여 들어온 부러움의 영들아 예수님의
이름으로 명하노니 완전히 사라질지어다.
섭섭한 감정을 통하여 들어온 감정의 영들아 예수님의

이름으로 명하노니 완전히 사라질지어다.

슬픈 감정을 통하여 들어온 외로움의 영들아 예수님의
이름으로 명하노니 완전히 사라질지어다.

외로운 환경을 통하여 들어온 상황의 영들아 예수님의
이름으로 명하노니 내 마음에서 사라지고 없어질지어다.

실패와 낙심과 좌절을 통하여 들어온 넘어짐의 영들아 예수
그리스도의 이름으로 명하노니 저 무저갱에 던져질지어다.

육신의 질병을 통하여 들어온 고통의 영들아 예수님의
이름으로 명하노니 완전히 사라질지어다.

가난을 통하여 들어온 인색한 영들아 예수님의 이름으로
명하노니 완전히 사라질지어다.

고집과 교만을 통하여 들어온 악한 영들아 예수님의
이름으로 묶임 받고 떠나갈지어다.

그럴듯한 명분으로 속여서 들어온 악한 영들아 예수
그리스도의 이름으로 명하노니 떠나갈지어다.

과거의 상처로부터 들어온 죄의 영들아 예수 그리스도의
이름으로 사라지고 없어질지어다.

남과 대화를 하면서 들어온 악한 영들아 예수 그리스도의
이름으로 묶임 받고 영원히 저 무저갱으로 던져질지어다.

티비와 유튜브를 통하여 들어온 더러운 장면과 기억의
영들아 예수님의 이름으로 묶임 받고 떠나갈지어다.
책을 읽으면서 들어온 거짓의 영들아 예수 그리스도의
이름으로 명하노니 너희들이 있던 곳으로 다시
돌아갈지어다.
남의 말을 통하여 들어온 부정적인 생각과 말들아 예수
그리스도의 이름으로 강력히 거부한다.
네 것을 가지고 떠나갈지어다.
부정적인 생각과 부정적인 마음을 주는 악한 영들은 예수
그리스도의 이름으로 완전히 소멸될지어다.
나의 감정을 다스리는 악한 영들아 예수님의 이름으로
명하노니 성령의 불로 완전히 태워지고 없어지고
사라질지어다.

내 감정은 그리스도의 것이고 내 생각도 주님의 것이다.
진실로 내 주 하나님께서 어느 곳에 계시든지 나도 그곳에
있겠습니다.
내가 살아도 주를 위하여 살고 죽어도 주를 위하여 죽나니
그러므로 사나 죽으나 나는 주의 것임을 믿습니다.
모든 무릎이 주님 앞에 꿇고 각 사람이 자기 일을 하나님께
직고 할 때 죽도록 사랑하고 충성하고 왔습니다 직고하게

하여 주시옵소서.

오직 성령 안에서 의와 평강과 희락이 있기를 원합니다.

그리스도를 섬기는 자로 하나님을 기쁘시게 하고 사람에게서 영광을 받지 않기를 원합니다.

내 영혼을 깨끗하게 유지하되 마음에 있는 죄된 거리낌을 버리고 살게 하여 주시옵소서.

모든 환난 중에서 나를 위로해 주시고 능히 해결해 주실 우리 주 예수 그리스도의 이름으로 간절히 기도합니다. 아멘.

그리스도의 고난이 우리에게 넘친 것 같이 우리가 받는 위로도
그리스도로 말미암아 넘치는도다 고후 1:5

성령과 보혈의 치유기도

여호와의 영이 나를 통하여 말씀하심이여 그의 말씀이 내 혀에 있도다

아멘 삼하 23:2

"내가 곧 길이요 진리요 생명이니 나로 말미암지 않고는
아버지께 올 자가 없느니라"
"나는 부활이요 생명이니 나를 믿는 자는 죽어도 살겠고,
살아서 나를 믿는 자는 영원히 죽지 아니하리니 이것을 네가
믿느냐" 예, 주님, 제가 주님을 믿습니다 아멘 아멘 아멘 아멘!
내 마음에 예수 그리스도의 피뿌림을 원합니다.
나는 그리스도의 마음을 가진 새 마음이 될 것입니다.
말씀이 내 삶이 되고 예수님의 마음을 품어 성령의 불을 갖고
살게 될 것입니다.
내 마음에 성령의 능력을 넘치게 부어 주시옵소서.

내 생각에 예수 그리스도의 피뿌림을 원합니다.
과거의 상처로 기억된 내 생각은 그리스도 안에서 새로운
피조물이 되어 새롭고 기뻐하는 기억으로 바뀔 것입니다.
헛된 생각은 사라지고 생각의 눈이 밝아져서 말씀에 생명을
얻고 말씀으로 살아갈 것입니다.

내 생각에 그리스도의 법이 새겨진 영의 생각으로 살아갈
것입니다.
내 생각에 성령의 능력을 넣어 주시옵소서.
내 무의식 속에 예수 그리스도의 피뿌림을 원합니다.
나도 모르는 무의식 속에 있는 불안과 공포가 새로운 기쁨과
기대로 바뀔 것입니다.
내 무의식 속에 성령의 능력으로 덮어 주시옵소서.
내 기분과 감정에 예수 그리스도의 피뿌림을 원합니다.
상황과 환경과 사람들의 말에 따라 수시로 바뀌는 내 기분과
감정은 믿음과 사랑의 무게로 안정될 것입니다.

내 기분과 감정을 성령의 능력으로 붙잡아 주시옵소서.
내 삶에 예수 그리스도의 피뿌림을 원합니다.
가난과 궁핍으로 힘든 나의 삶은 주님이 주시는 풍요롭고
아름다운 초장으로 바뀔 것입니다.
내 삶에 성령의 능력을 내려 주시옵소서.
내 미래에 예수 그리스도의 피뿌림을 원합니다.
불안하고 걱정되는 나의 미래는 주님이 주시는 안정과
평안으로 가득 차고 은혜가 넘칠 것입니다.
내 미래에 성령의 길을 내어 주시고 전진하는 능력을 부어
주시옵소서.

내 속사람에게 예수 그리스도의 피뿌림을 원합니다.
같은 죄로 넘어지는 내 속사람이 보혈의 힘을 공급받아
넘어진 죄에서 다시 일어나 이기고 승리할 것입니다.
내 속사람의 연약함이 그리스도 안에서 변화되어 강력한
영체로 만들어질 것입니다.
내 속사람에게 성령의 능력을 입혀 주시옵소서.
내 겉사람에게 예수 그리스도의 피뿌림이 임하게 하여
주시옵소서.
나의 약한 위장과 소화기관이 여호와의 손으로 깨끗하게
치유될 것입니다.

건강하지 못한 내 몸이 주님이 주신 새 힘을 얻어 더욱
건강하고 강건해질 것입니다.
아픈 곳이 있는 겉사람에게 성령의 능력을 입혀 주시옵소서.
내 얼굴에 예수님의 보혈을 뿌려 주시옵소서.
내 얼굴에 보이는 어둡고 우울한 표정이 사라지고
그리스도의 온유와 평강이 넘치는 얼굴이 될 것입니다.
하나님이 인정해 주시는 존귀한 얼굴이 되고 바라보기만
해도 은혜가 되어 온유함이 묻어 나오는 표정으로 바뀔
것입니다.
내 얼굴에 성령의 형상을 입혀 주시옵소서.

"육의 몸으로 심고 신령한 몸으로 다시 살아나나니 육의 몸이 있은즉 영의 몸도 있느니라." 아멘.

"눈은 등불이니 그러므로 네 눈이 성하면 온 몸이 밝을 것이요 눈이 나쁘면 온 몸이 어두울 것이라." 아멘.

내 영의 뼈와 관절에 예수 그리스도의 피뿌림을 원합니다.

내 영의 뼈와 관절이 튼튼해져서 마귀를 대적하여 싸워서 이길 것입니다.

내 영혼의 뼈와 관절에 성령의 힘을 부어 주시옵소서.

내 머리에 예수 그리스도의 피뿌림을 원합니다.

세상적인 가치관으로 채워진 내 머리는 말씀 안에서 그의 나라와 의를 이루는 사랑의 법으로 가득 채워질 것입니다.

내 머리 위에 성령의 화관을 씌워 주시옵소서.

내 눈에 예수 그리스도의 피뿌림을 원합니다.

죄를 보지 못하는 눈에서 작은 죄와 숨은 죄까지도 볼 수 있는 영의 눈이 될 것입니다.

남의 허물을 보지 않고 판단하지도 않고 온유와 겸손이 넘치는 눈이 될 것입니다.

죄의 길에서 나를 자유케 하신 예수님의 십자가만을 바라보는 충직한 눈이 될 것입니다.

내 눈에 성령의 안약을 넣어 주시옵소서.

내 코에 예수 그리스도의 피뿌림을 원합니다.
육을 위한 호흡에서 생기를 코에 불어 넣어 주신 생명으로
호흡하게 될 것입니다.
죄악된 냄새가 있는 곳을 떠나고 기쁨의 향 기름을 맡는 코가
될 것입니다.
타락한 악취를 풍기는 모든 죄는 보혈의 피로 사라질
것입니다.

내 코에 성령의 능력을 불어 주시옵소서.
내 귀에 예수 그리스도의 피뿌림을 원합니다.
세상적인 소리에 귀를 닫고 하나님의 음성만 듣는 귀가 되어
말씀 안에서 순종하며 살 것입니다.
말씀 외에는 아무것도 듣지 않는 귀가 될 것입니다.
하나님 외에는 아무것도 관심 갖지 않겠습니다.
나를 혼동케 하는 소리를 확 잘라 버리는 신부의 귀로 성장할
것입니다.
오직 주님의 말씀에만 집중하고 귀를 기울입니다.

내 귀가 성령의 음성을 듣게 하여 주시옵소서.
내 혀와 목구멍에 예수 그리스도의 피뿌림을 원합니다.
남에게 상처 주고 실망을 주는 혀가 그리스도의 사랑 안에서

남을 살리는 위로의 혀가 되고 복음을 전하는 소리로 바뀌게

될 것입니다.

내 혀와 목구멍에서 성령의 생수가 흘러넘치게 하여

주시옵소서.

내 입과 말에 예수 그리스도의 피뿌림을 원합니다.

남에게 함부로 말하는 내 입술과 말은 예수님 안에서

사랑하는 입술이 되고 용서하는 말로 바뀌게 될 것입니다.

내 입술과 말에 성령의 권세가 임하여 주시옵소서.

내 목에 예수 그리스도의 피뿌림을 원합니다.

내 교만으로 뻣뻣한 목이 부드럽고 유순하며 겸손한 목으로

바뀔 것입니다.

내 목을 성령의 능력으로 감싸게 하여 주시옵소서.

내 어깨에 예수 그리스도의 피뿌림을 원합니다.

내 교만으로 으쓱해진 내 어깨가 예수님 안에서 남을

높여주고 아름다운 겸손으로 살게 될 것입니다.

내 어깨에 성령의 능력이 임하게 하여 주시옵소서.

내 가슴과 등에 예수 그리스도의 피뿌림을 원합니다.

인색한 가슴에서 그리스도의 성품을 닮은 인품으로 거듭나게

될 것입니다.

세상일에 무거운 짐을 진 등에서 그리스도의 십자가를 지고
가는 생명의 등으로 변화될 것입니다.
내 가슴과 등에 성령의 능력을 물 붓듯이 부어 주시옵소서.
내 팔과 손에 예수 그리스도의 피뿌림을 원합니다.
나를 위한 손과 팔이 그의 나라와 의를 위한 섬기는 손과
팔로 바뀌게 될 것입니다.
내 팔과 손이 성령의 능력으로 살게 하여 주시옵소서.

내 아랫배와 윗배에 예수 그리스도의 피뿌림을 원합니다.
음식을 먹으면 소화가 안 되던 배에서 아무거나 먹어도
소화가 잘 되는 아랫배와 윗배가 될 것을 예수님의 이름으로
선포합니다.
내 아랫배와 윗배에서 성령의 능력이 생수의 강이 되어
흘러넘치게 하여 주시옵소서.
내 장기에 예수 그리스도의 피뿌림을 원합니다.
약해진 내 장기에서 건강해진 장기로 새롭게 바뀌게 될
것입니다.
더욱 튼튼해진 장기는 성령의 치유로 면역력이 좋아지고
강건해질 것입니다.
내 장기에 성령의 능력이 치유의 손길로 덮어지기를
원합니다.

내 허리에 예수 그리스도의 피뿌림을 원합니다.
세상일로 약해진 허리가 복음의 일을 감당하기 위하여 더
강하고 힘 있게 될 것입니다.
내 허리에 성령의 능력을 부어 주시옵소서.
내 무릎과 다리에 예수 그리스도의 피뿌림을 원합니다.
내 유익을 위해 살아온 무릎과 다리는 그리스도의 복음을
위한 전도자의 다리로 건강하게 바뀔 것입니다.
내 무릎과 다리에 성령의 능력을 내려 주시옵소서.

내 발과 발목에 예수 그리스도의 피뿌림을 원합니다.
세상 쾌락에 빠른 발과 발목에서 의를 위한 발과 발목으로
온전하게 변화될 것입니다.
복음을 전하는 아름다운 발이 될 것입니다.
내 발과 발목을 성령의 능력으로 덮어 주시옵소서.
내가 가는 좁은 길과 생명의 문에 예수 그리스도의 피뿌림을
원합니다.
원망과 불평으로 걸었던 좁은 길과 힘들었던 생명의 문이
그리스도 안에서 기쁨으로 바뀌고 성령의 힘으로 밤낮
기뻐하며 전진할 것입니다.
주님과 함께 저 천국에서 세세토록 영원한 생명과 평안을
누리게 될 것입니다.

좁은 길을 주님과 함께 걷고 좁은 문을 주님의 피 묻은
손으로 열게 될 것입니다.
내 좁은 길과 생명의 문에 보혈의 피뿌림을 내려 주시옵소서.
내 몸과 육신의 장막에 예수 그리스도의 피뿌림을 원합니다.
썩어질 육신의 장막이 공중에서 나팔소리 울릴 때에 영원한
영체로 변화되어 더 좋은 부활을 얻게 될 것입니다.
이제 곧 부활의 영체는 내 눈앞에 실상이 될 것입니다.
내 몸과 육신의 장막에 성령의 능력을 덮어 주시옵소서.

내 재산과 돈에 예수 그리스도의 피뿌림을 원합니다.
불의의 재물을 주님께 드려서 하늘의 보화로 바뀔 것입니다.
일만 악의 뿌리가 되는 돈은 천만 선의 열매가 될 것입니다.
내 재산과 돈이 그의 나라와 의를 위하여 사용되는 성령의
능력을 부어 주시옵소서.
내 시간과 하는 일에 예수 그리스도의 피뿌림을 원합니다.
내 시간과 소중한 일을 주님께 올려 드리면 영원한 상급과
칭찬이 될 것입니다.
심판의 시간이 오기 전에 생명의 시간이요 상급 받는
시간으로 바뀌게 될 것입니다.
내 시간과 하는 일에 성령의 능력을 한량없이 부어
주시옵소서.

나의 모든 기도에 힘이 되어 주시고 능력이 되어 주실 우리
주 예수님의 이름으로 기도합니다. 아멘.

여호와의 영이 나에게 임하셨으므로
내가 이 시대의 사사가 되어 나가서 싸울 때에
세상의 왕을 나의 손에 넘겨 주시매 내가 세상을 이기니라

삿 3:10

누구든지 이 어린 아이와 같이
자기를 낮추는 사람이 천국에서 큰 자니라 _마 18:4

보혈의 능력과
성령의 능력이 임하는 기도

네게는 여호와의 영이 크게 임하리니 너도 그들과 함께 예언을 하고

변하여 새 사람이 되리라 삼상 10:6

내 겉사람이 보혈의 옷을 입습니다.
예수님의 피뿌림이 머리와 어깨와 팔과 가슴에 뿌려지고
배와 모든 장기와 다리에 뿌려집니다.
피부 안에 있는 모든 호르몬과 자율신경과 피부조직
안까지도 빠짐없이 뿌려집니다.
생각과 기억과 마음에도 보혈이 뿌려짐으로 모든 것이
온전해지고 건강해지고 완전해지게 될 것입니다.
말씀대로 이루어질 것이니 믿음으로 선포한 것마다 선하신
뜻으로 이루어 주시옵소서.

예수님의 보혈로 내 겉사람이 완전한 보혈의 옷을
입었습니다.
병들고 온전하지 못한 내 위장과 식도와 머리는 보혈의 피로
건강하고 튼튼한 위장과 식도와 머리로 바뀌게 될 것입니다.

믿는 대로 될 것입니다.

믿는 대로 이루어질 것입니다.

너희 믿음대로 될지어다 말씀하신 예수님의 말씀을 그대로
믿습니다.

병들어 지쳐있는 간과 폐와 심장은 보혈의 피권세로
건강하고 튼튼하게 바뀌고 온전해질 것입니다.

온전해진 간과 폐와 심장은 창조주를 찬양하게 될 것입니다.

질병으로 약해진 췌장과 신장과 소장과 대장은 보혈의
능력으로 더욱 건강하고 튼튼하게 바뀔 것입니다.

모든 질병을 낫게 하여 주시고 예수님의 이름으로
이루어지게 하여 주시옵소서.

믿음의 기도는 병든 자를 구원하시리니 주께서 그를 일으켜
주신다고 말씀하셨습니다.

믿음의 치유를 능력으로 이루게 하여 주시옵소서.

병든 자는 주의 이름으로 기름을 바르고 그를 위하여
기도하라고 하셨으니 말씀을 의지하여 순종으로
나아가겠습니다.

예수님께서는 건강한 자에게는 의사가 쓸데없고 병든 자에게
쓸데가 있다고 말씀하셨습니다.

예수님 저는 죄성 깊은 죄인입니다.

죄인을 불러 회개시키러 오신 주님이 나를 고쳐 주시고 내
손을 잡아 주시옵소서.
이 시간 예수님의 이름으로 모든 죄를 용서받아 자녀 된
권세를 얻어 주님의 이름을 확실히 내 마음에 믿고 주님의
이름으로 선포합니다.
선포되고 선포할 때마다 믿음으로 역사하여 주시옵소서.

튼튼해진 췌장과 신장과 소장과 대장은 여호와를 찬양하게
될 것입니다.
병들고 지쳐있는 혈관과 방광과 갑상선은 보혈의 권능으로
더욱 건강하고 튼튼하게 바뀔 것입니다.
더욱 건강하고 튼튼하게 바뀐 혈관과 방광과 갑상선은
지존하신 하나님을 경배할 것입니다.
지존자의 뜻은 선하시고 치유하시는 능력이 됨을 믿습니다.
스트레스로 약해진 자율신경과 호르몬과 생리작용은
예수님의 피권세로 정상적인 기능을 하게 될 것입니다.

정상적인 기능을 하게 된 자율신경과 호르몬과 생리작용은
창조자요 왕이신 하나님을 찬양하게 될 것입니다.
기뻐 뛰며 감사할 것입니다.
영원한 즐거움 속에서 하나님을 바라보게 될 것입니다.

그리스도의 안정과 평강이 지금 즉시 내분비선에 임하게
될지어다.
내 겉사람의 아픈 부위에 성령의 옷이 입혀집니다.
내 겉사람의 약한 부위에 보혈의 옷과 성령의 옷이
입혀졌습니다.
보혈의 능력과 성령의 권능이 내 겉사람 머리 위에 강하게
임하여 주시옵소서.
말씀을 믿고 명령하여 선포한 대로 일 점도 틀림없이
이루어질 것이고 이루게 될 것입니다.

내 속사람이 보혈의 옷을 입습니다.
내 속사람이 보혈의 옷을 입었습니다.
병들고 온전하지 못한 내 속사람은 보혈의 피로 윤기가 나고
튼튼한 영체로 바뀌게 될 것입니다
내 속사람이 성령의 옷을 입습니다.
내 속사람이 성령의 옷을 입어 기뻐하고 있습니다.
내 영혼이 보혈의 옷과 성령의 옷을 입었습니다.
보혈의 능력과 성령의 권능이 내 영혼에 임하게 하여
주시옵소서.

내 속사람의 머리에 보혈의 피옷이 입혀지고 있습니다.

내 속사람의 머리가 보혈의 피옷을 입어 온전해진 머리가
되었습니다.
약하고 온전하지 못한 내 속사람의 머리는 보혈의 피로
깨끗하고 맑아지게 될 것입니다.
온전하지 못한 모든 것이 보혈의 피로 제 기능을 발휘할
것입니다.
창조주가 창조한 질서대로 제 기능을 발휘하는 것은 마땅히
해야 될 일입니다.

그러므로 나의 뇌 기능은 여호와를 찬양하고 싶고
찬양하기를 원하여서 원래의 기능대로 가장 기쁘게 회복될
것이 분명합니다.
내 속사람의 머리가 성령의 옷을 입습니다.
내 속사람의 머리가 성령의 옷을 입고 기뻐하고 있습니다.
내 속사람의 머리가 보혈의 옷과 성령의 옷을 입었습니다.
보혈의 능력과 성령의 권능이 내 속사람의 머리에 임하게
하여 주시옵소서.
내 속사람의 배 속 장기가 보혈의 피옷을 입습니다.
내 속사람의 배 속 장기가 보혈의 피옷을 입어 모든 것이
회복되고 있습니다.
지금 즉시 모든 것이 치료되고 있습니다.

더 많이 믿으면 더 많이 치료될 것이고 더 빨리 믿으면 더
빠르게 치료될 것입니다.
약하고 온전하지 못한 내 속사람의 배 속 장기는 보혈의 피로
강하고 건강하게 바뀌게 될 것입니다.
내 속사람의 배 속 장기가 성령의 옷을 입습니다.
내 속사람의 배 속 장기가 성령의 옷을 입어 모든 것이
회복되고 있습니다.

더 많이 믿을수록 더 많이 치료될 것이고 더 빨리 믿을수록
더 빠르게 치료될 것입니다.
지금 즉시 모든 것이 치료되고 있습니다.
내 속사람의 배 속 장기가 보혈의 옷과 성령의 옷을
입었습니다.
보혈의 능력과 성령의 권능이 내 속사람의 배 속 장기에
임하게 하여 주시옵소서.
내 속사람의 팔과 허리와 어깨가 보혈의 피옷을 입습니다.
내 속사람의 팔과 허리와 어깨가 보혈의 피옷을 입었습니다.
약하고 온전하지 못한 내 속사람의 팔과 허리와 어깨는
보혈의 피로 강하고 건강하게 바뀔 것입니다.
내 속사람의 팔과 허리와 어깨가 성령의 옷을 입습니다.
내 속사람의 팔과 허리와 어깨가 성령의 옷을 입었습니다.

내 속사람의 팔과 허리와 어깨가 보혈의 옷과 성령의 옷을
입어 기뻐하고 있습니다.
보혈의 능력과 성령의 권능이 내 속사람의 팔과 허리와
어깨에 임하게 하여 주시옵소서.
내 속사람의 다리와 발목이 보혈의 피옷을 입습니다.
내 속사람의 다리와 발목이 보혈의 피옷을 입었습니다.
약하고 온전하지 못한 내 속사람의 다리와 발목이 보혈의
피로 이전보다 강하고 건강하게 바뀔 것입니다.
내 속사람의 다리와 발목이 성령의 옷을 입습니다.
내 속사람의 다리와 발목이 성령의 옷을 입었습니다.
내 속사람의 다리와 발목이 보혈의 옷과 성령의 옷을 입어
감사하고 있습니다.
보혈의 능력과 성령의 권능이 내 속사람의 다리와 발목에
임하게 하여 주시옵소서.

내 마음에 보혈의 능력이 덮어집니다.
내 마음에 보혈의 권세가 덮어졌습니다.
상처받고 찢겨진 내 마음이 보혈의 피로 새롭게 창조된
마음으로 바뀌게 될 것입니다.
상한 내 심령이 보혈의 생수로 온전해지고 새로워 짐을
믿습니다.

내 마음에 성령의 권능이 덮어집니다.
내 마음에 성령의 권능이 임하였습니다.
보혈의 능력과 성령의 권능이 내 마음에 임하여 주시옵소서.

내 생각에 보혈의 능력이 임하고 있습니다.
내 생각이 보혈의 권세로 덮어졌습니다.
세상적인 것으로 가득 찬 내 생각이 보혈의 피로 하늘에 있는
영원한 것으로 채워 넘치게 될 것입니다.
차고 넘치게 될 때마다 성령의 생수가 내 주변으로 흘러가게
될 것입니다.
내 생각에 성령의 권능이 임합니다.
내 생각이 성령의 옷을 입었습니다.
내 생각에 보혈의 능력과 성령의 권능을 입혀 주시옵소서.
내 무의식 속에 보혈의 능력이 덮어집니다.
내 무의식 속에 보혈의 피가 뿌려지고 퍼져나가고 있습니다.
나도 모르는 사이에 들어온 무의식 속에 숨어 있는 불안과
염려가 보혈의 피로 힘을 잃어버리게 될 것입니다.
세상이 줄 수 없는 절대적인 안정과 평안으로 바뀌게 될
것입니다.
내 무의식 속에 성령의 권능이 임합니다.
내 무의식 속에 성령의 권능이 임하였습니다.

내 무의식 속에 보혈의 능력과 성령의 권능을 입혀
주시옵소서.
내 잠재의식 속에 보혈의 능력이 임합니다.
내 잠재의식 속에 보혈의 능력이 임하였습니다.
내 깊은 곳에 뿌리박힌 알 수 없는 상처의 쓴뿌리가 보혈의
피로 천국에 있는 생명나무의 뿌리로 바뀌게 될 것입니다.
내 잠재의식 속에 성령의 권능이 임합니다.
내 잠재의식 속에 성령의 세마포를 입혀 주시옵소서.
내 잠재의식 속에 보혈의 능력과 성령의 권능을 덧입혀
주시옵소서.

내 삶에 보혈의 능력이 덮어집니다.
내 삶에 시작과 끝이 보혈의 능력으로 채워졌습니다.
나를 위한 이기적인 삶에서 보혈의 피로 주님과 복음을 위한
삶으로 완전히 바뀌게 될 것입니다.
내 삶에 성령의 권능이 강력하게 임합니다.
내 삶에 성령의 열매가 아름답게 맺을 것입니다.
내 삶에 보혈의 능력과 성령의 권능이 하늘 보좌로부터
임하기를 간절히 간구합니다.
지금 내가 서 있는 현재의 길에 보혈의 피가 뿌려집니다.
지금 내가 있는 곳에서 보혈의 피가 흘러넘쳤습니다.

어떤 상황에서 무엇을 하든지 감사하는 길이 될 것입니다.
보혈의 홍포를 입은 내 영은 기뻐하며 찬양하게 될 것입니다.
내 현재의 길에 성령의 권능이 임하고 있습니다.
내가 있는 곳에 성령의 생수를 부어 주셨습니다.
내가 있는 길에서 보혈의 피가 뿌려지고 성령의 불이 임하게
하여 주시옵소서.
내 미래의 길에 보혈의 피가 뿌려집니다.
내 미래의 길에 보혈의 피가 생명력 있게 뿌려졌습니다.
가보지 않은 미래의 길이 보혈의 피로 주님의 계획 안에서
기쁨이 차고 넘치게 될 것입니다.

보혈의 기쁨 보혈의 감사 보혈의 생명을 내 영이 먹고 마시며
살게 해주시옵소서.
내 미래의 길에 성령의 권능이 임합니다.
내 미래의 길을 성령께서 앞서가셔서 운행하고 계십니다.
내 미래의 길에 보혈이 뿌려지고 성령의 빛이 임하게 하여
주시옵소서.
내 속사람과 겉사람에 보혈의 권세로 임해주실 예수님의
이름으로 기도합니다. 아멘.

높이 세워진 자 하나님께로부터 기름 부음 받은 자가 말하노라 삼하 23:1

계속 넘어지는 죄를 이기는 기도

여호와의 영이 나를 통하여 말씀하심이여 그의 말씀이 내 혀에 있도다

아멘 삼하 23:2

내 속사람이 예수 그리스도의 피뿌림을 원합니다.
내 속사람의 눈에 예수님의 피뿌림을 주시옵소서.
내 속사람의 눈에 예수 그리스도의 피뿌림이 임하게
될지어다.
내 속사람의 눈에 보혈의 피를 바르고 덮습니다.
바르고 덮어질 때마다 그리스도의 생명력이 넘치게 채워질
것입니다.
내 속사람의 눈이 보혈의 피를 흡수하고 있습니다.
내 속사람의 눈에 보혈의 피가 임했습니다.
지금 내 속사람의 눈에 치료하는 광선이 비추었습니다.

내 속사람의 눈은 선한 것만 보게 될 것입니다.
내 속사람의 눈은 선한 것만 보게 되었습니다.
내 속사람의 눈이 온전하게 고쳐졌음을 믿고 말씀 안에서
대언합니다.

내 속사람의 눈이 온전하게 고쳐졌음을 성령으로
선포합니다.
내 속사람의 귀에 예수님의 피뿌림을 주시옵소서.
내 속사람의 귀에 예수 그리스도의 피뿌림이 임하게
될지어다.
내 속사람의 귀에 보혈의 피가 바르고 덮어질지어다.
내 속사람의 귀가 보혈의 피를 믿음으로 흡수하고 있습니다.
내 속사람의 귀에 보혈의 피가 임했습니다.

내 속사람의 귀에는 치유의 광선이 임하였습니다.
그러므로 내 속사람의 귀는 선한 것만 듣게 될 것입니다.
내 속사람의 귀는 선한 것만 듣게 되었습니다.
내 속사람의 귀가 온전하게 고쳐졌음을 믿음으로
대언합니다.
내 속사람의 귀가 온전하게 고쳐졌음을 성령으로
선포합니다.
내 속사람의 입술에 예수님의 피뿌림을 주시옵소서.
내 속사람의 입술에 예수 그리스도의 피뿌림이 임하게
될지어다.
내 속사람의 입술에 보혈의 피가 바르고 덮어질지어다.
입술의 권세가 보혈의 권세가 되게 하여 주시옵소서.

내 속사람의 입술이 보혈의 피를 흡수하고 있습니다.

내 속사람의 입술에 보혈의 피가 임하였습니다.

지금 내 속사람의 입술에 치유하는 광선이 비추었습니다.

모든 입술의 저주는 떠나가고 판단과 비판과 험담이
사라집니다.

내 속사람의 입술은 온유하고 선한 말만 하게 될 것입니다.

내 속사람의 입술은 더 온유하고 선한 말만 하게 되었습니다.

내 속사람의 입술이 온전하게 고쳐졌음을 믿음으로
대언합니다.

내 속사람의 입술이 온전하게 고쳐졌음을 성령으로
선포합니다.

내 속사람의 손과 발에 예수님의 피뿌림을 뿌려 주시옵소서.

내 속사람의 손과 발에 예수 그리스도의 피뿌림이 임하게
될지어다.

내 속사람의 손과 발에 보혈의 피가 바르고 덮어질지어다.

내 속사람의 손과 발이 보혈의 피를 흡수하고 있습니다.

내 속사람의 손과 발에 보혈의 피가 임하였습니다.

내 속사람의 손과 발에 치료하는 광선이 비추었습니다.

내 속사람의 손과 발은 주님의 손과 발이 될 것입니다.

내 속사람의 손과 발은 주님의 손과 발이 되었습니다.

내 속사람의 손과 발이 온전하게 고쳐졌음을 믿음으로
대언합니다.

내 속사람의 손과 발이 온전하게 고쳐졌음을 성령으로
선포합니다.

내 속사람의 내장기관에 예수님의 피뿌림을 더욱 강력하게
뿌려 주시옵소서.

내 속사람의 내장기관에 예수 그리스도의 피뿌림이 임하게
될지어다.

보혈의 피가 뿌려지고 덮어지고 흘러넘치게 될지어다.

내 속사람의 내장기관들에게 예수님의 이름으로 명하노니
보혈의 피가 바르고 덮어질지어다.

아픈 부위에 바르는 것마다 치유되고 덮어지는 것마다
치료될 것입니다.

내 속사람의 내장기관이 보혈의 피를 완벽하게 흡수하고
있습니다.

내 속사람의 내장기관에 보혈의 피가 임하였습니다.

지금 즉시 내 속사람의 내장기관에 치료하는 광선이
비추었습니다.

내 속사람의 내장기관은 힘을 얻어 강건해질 것입니다.

내 속사람의 내장기관은 힘을 얻어 건강해졌습니다.

내 속사람의 내장기관이 온전하게 고쳐졌음을 믿음으로
대언합니다.
내 속사람의 내장기관이 온전하게 고쳐졌음을 믿음으로
선포하고 성령으로 명령합니다.
하나님께서 기름 부으신 거룩한 주님의 자녀가 되게 하여
주시옵소서.
하나님 외에는 보이는 것이 아무것도 없기를 원합니다.
진실한 것 이외에는 아무것도 말하지 않게 하여 주시옵소서.

이 모든 기도를 주님께서 응답하여 주시고 주의 영이 임하여
하나님의 능력이 임하였을 때 내가 주님을 더 사랑하고
주님을 더 의지하면서 나아갈 수 있게 하여 주옵소서.
예수 그리스도 그분의 이름만을 바라보고 예수 그리스도
이외에는 구원자가 없으며 예수님만이 길이고 진리고
생명이신 것을 내가 믿사오니 주님 이 모든 기도를
응답하사 나로 하여금 하나님을 더 찬양할 수 있게 인도하여
주시옵소서.
이 모든 기도를 우리 주 예수 그리스도의 이름을 받들어
간절히 온 마음을 다하여 기도합니다. 아멘.

주 여호와의 영이 내게 내리셨으니 이는 여호와께서 내게 기름을 부으사
나를 보내사 포로된 자에게 자유를, 갇힌 자에게 놓임을 선포하며 사 61:1

이 말씀을 하시고
땅에 침을 뱉어 진흙을 이겨
그의 눈에 바르시고 이르시되
실로암 못에 가서 씻으라 하시니
이에 가서 씻고 밝은 눈으로 왔더라

_요 9:6-7

내 이름을 경외하는 너희에게는
공의로운 해가 떠올라서 치료하는 광선을 비추리니
너희가 나가서 외양간에서 나온 송아지 같이 뛰리라

[말라기 4:2]

3부

치유의 광선

3부 기도

치유가 집중되는 나의 표적치유기도

◆

병든 사람에게 손을 얹은즉 나으리라 하시더라 막16:18

　　본인의 질병을 여러분의 손으로 직접 밑줄 친 곳에 믿음으로 치유될 것을 적어 놓으시고 표적기도 하시면 치유의 기적이 나타납니다. 본인의 아픈 부위에 믿음의 손을 얹고 기도하시면 치유의 역사가 반드시 일어납니다. 한 번에 해결될 수도 있고 점진적으로 발생하며 치유될 수도 있습니다. 아무 의심도 하지 마시고 그저 어린아이같이 주님이 치유해 줄 것을 믿고 선포하며 기도하시면 됩니다. 치유의 역사가 당신의 것이 될 것입니다. 그리 아니하실지라도 기도문으로 기도하시면 여러분 안에 있는 죽음의 권세를 몰아내게 되어 큰 기쁨과 감사가 임하고 마음의 안정과 평안을 찾을 수 있게 될 것이니 꾸준하게 하시길 바랍니다. 아멘.

> 성령의 불이 나에게 임하여 주시옵소서.
> 성령의 불이 불이 불이 불이 불이 나에게 임합니다.
> 성령을 믿음으로 마십니다.
> 생명수가 되게 하여 주시옵소서.
> 성령을 성령을 간구합니다.
> 성령의 불로 불로 불로 불로 불로 임재해 주시옵소서.

성령의 불이 불이 불이 불이 불이 임하여 주시옵소서.
성령을 성령을 믿음으로 마십니다.
생명수가 되게 하여 주시옵소서.
믿음으로 믿음으로 간구합니다.

예수님의 보혈을 나에게 뿌리고 바릅니다.
예수님의 피뿌림이 임하게 하여 주시옵소서.
예수님의 보혈을 나에게 뿌리고 바르고 덮습니다.
보혈 보혈 보혈 보혈이 임하기를 원합니다.
보혈의 능력이 생수가 되게 하여 주시옵소서.
보혈을 간구합니다.
예수님의 보혈을 믿음으로 마십니다.
예수님의 피를 내 영이 먹게 하여 주시옵소서.
예수님의 피와 살을 먹는 자마다 영원한 생명이 되게 하여
주시옵소서.
예수님의 피가 나의 생수가 되고 예수님의 살이 나의 양식이
되기를 간구합니다.
주 뜻대로 이루어 주시옵소서.
말씀이 내 입술의 고백을 통해 역사하여 주시옵소서.
하나님의 자녀 _____가/이 하나님께 기도하여 이르되 내
마음이 여호와로 말미암아 즐거워합니다.

이는 내가 주의 구원함으로 말미암아 기뻐하고 있기
때문입니다.
예수님의 보혈로 의인이 된 _____이는/은 여호와로
말미암아 기뻐하며 하나님의 거룩한 이름에 감사하고
있습니다.
나의 기도를 기쁘게 여기기를 바라옵나니 내 영혼이
주님으로 인해 감사하고 있습니다.
믿음의 기도는 병든 자를 구원하리니 주께서 나를 일으켜
주실 것을 믿습니다.
모든 죄가 회개 되어 사하심을 얻게 하여 주시고 질병도 함께
떠나가기를 간구합니다.

엘리야도 나와 성정이 같았다고 하였사오니 나에게도
기도의 검을 주셔서 기도의 능력으로 다시금 살아나도록
도와주시옵소서.
병든 나의 머리에 성령께서 주시는 치유의 기름을 믿음으로
바랍니다.
예수님의 이름으로 능력의 기름을 나의 아픈 부위에 발라서
기도 가운데 치유의 역사를 눈앞에서 목도하게 하여
주시옵소서.
하나님 안에서 _____병은 아무것도 아닙니다.

모든 자율신경을 어지럽히는 악한 영들아 예수님의 이름으로
떠나갈지어다.

나의 자율신경이 보혈의 권세로 온전해지기를 원합니다.

온전해지고 온전해지게 하여 주시옵소서.

강건해지고 강건해지게 하여 주시옵기를 간청합니다.

하나님의 말씀이 치료의 빛이 되게 하여 주시옵소서.

지금까지 살아오면서 보이지 않는 죄가 있습니다.

숨어있는 죄도 있습니다.

예수님의 보혈로 보혈로 보혈로 용서해 주시옵소서.

예수님이 나의 의사가 되어 주셔서 아픈 부위를 직접 몸소
치료해 주시고 고쳐주시옵소서.

저를 온전하게 만들어 주시고 고쳐주실 주님을 전적으로
의지합니다.

병든 자를 고치며 죽은 자를 살리시는 주님이 나에게 오셔서
나의 머리를 만져 주시옵소서.

주님께서는 상한 자를 싸매 주시고 병든 자를 강하게
하신다고 말씀해 주셨습니다.

하나님의 정의대로 내 영혼을 먹여 주시옵소서.

주님 저는 병든 채로 있다가도 우리 주님이 오시면 벌떡
일어나서 맞이하고 싶습니다.

사랑하는 주님, 내 이름을 주의 음성으로 잔잔하게 불러
주시옵소서.
질고의 고난을 통하여 하나님의 사랑을 알게 하시고 아픈
사람들을 위하여 기도해 주어 사랑을 기도 가운데 이루게
하여 주시옵소서.
보혈의 손과 성령의 손이 하나가 되어 내 아픈 부위를 만져
주시옵소서.
여호와께서 펼치신 권능의 오른손이 질병이 있는 곳에
임하시어 아픈 곳을 만지시고 싸매시고 치유해 주시옵소서.
치유의 말씀이 선포될 때마다 말씀의 손이 온전하지 못한
곳을 고치고 있음을 믿습니다.

치유의 말씀을 믿고 기도할 때에 여호와의 손이 내 믿음으로
인해 일하기 시작하심을 믿습니다.
믿음으로 선포되는 말씀의 능력이 자가치유능력이 되게 하여
주시옵소서.
나는 여호와로 인해 기쁨이 더하겠고, 하나님으로 인하여
의롭다 함을 얻고 내가 주님 때문에 크게 기뻐하며 내 영혼이
나의 하나님으로 말미암아 즐거워하고 있습니다.
주님께서 내게 구원의 옷을 입히시고 공의의 겉옷을 내게
더하셨으니 내 잔이 넘치고 있습니다.

가난한 자를 불쌍히 여기는 것은 여호와께 꾸어 드리는 것이니 순종하는 자의 선행을 행하는 자에게 갚아 주시리라. 아멘.

여호와여 구하오니 내가 진실과 전심으로 주 앞에 행하며 주께서 보시기에 선하게 행한 것을 기억하옵소서 간구하며 하나님의 자녀 _____가/이가 주께 기도하더라

하나님 여호와의 말씀이 내가 네 기도를 들었고 네 눈물을 보았노라

나의 사랑하는 자녀야 네 기도와 구제가 하나님 앞에 상달되어 기억하신 바가 되었노라

너는 죄를 고백하며 병이 낫기를 위하여 계속 기도하라

나의 피로 씻김 받은 의인의 간구는 성령의 역사하는 힘이 큼이니라

하나님은 불의하지 않으시고 네 행위와 그리스도의 이름을 위하여 나타낸 사랑으로 이미 성도를 섬긴 것과 이제도 섬기고 있는 것을 잊어버리지 않는 여호와 하나님이시라

나의 사랑하는 자녀야 믿음과 오래 참음으로 말미암아 말씀의 약속들을 받는 자가 되어라

나보다 더 큰 이가 없으므로 나를 가리켜 말한 모든 말씀을 믿고 기도만 하라

침상에 누운 중풍병자를 사람들이 데리고 오는 믿음을
보고 고친 것처럼 나의 종이 네 치료를 위하여 기도문을
써가면서 이미 이 기도문에 치유할 수 있는 믿음을 담아가며
기록하였고 그가 너를 위하여 간구하고 있으니 너도
믿음으로 함께 나를 깊이 생각하며 기도하라
기도하고 낙심하지 말라 네가 선을 행하고 낙심하지 말지니
포기하지 아니하면 때가 이르게 되어 거두는 것처럼 네
기도를 응답할 것이니라
나는 밤낮 부르짖는 택하신 자들의 원하는 것을 풀어 주시는
신실한 하나님이라

오래 참지 않을 것이니 그의 나라와 의를 위해 기도하는 영의
기도를 멈추지 말거라
내가 너를 나의 때에 낫게 하리니 내가 네 날에 건강한
연수를 더하여 나의 일을 할 때까지 강건하게 할 것이며 너를
지키고 보호하여 주리라
네가 기도할 때에 무엇이든지 믿고 구하는 것은 다 받을
것이니라. 아멘. 아멘. 아멘.
너희가 기도할 때에 무엇이든지 믿고 구하는 것은 다
받으리라. 아멘. 아멘. 아멘.
여호와께서 나의 목자가 되시니 내가 부족함 없이

살아왔습니다.
이제 서야 하나님의 은혜를 깨닫고 회개하는 마음으로
기도합니다.
질병치료의 돌파구는 오직 예수 그리스도이심을 믿습니다.
예수 그리스도의 이름으로 질병의 진은 뚫어지고
뚫어질지어다.
보혈의 권세로 풀어지고 풀어질지어다.
좌우에 날 선 검이 되는 하나님의 말씀으로 해결되고
해결될지어다.

관절과 골수를 찔러 쪼개는 능력의 말씀을 내가 굳게 믿고
나아갑니다.
하나님이 앞장서시고 나는 믿음으로 뒤를 따르겠습니다.
내 몸에 질병의 집을 짓고 살아온 질고의 영들아 성령의 불로
태워지고 태워질지어다.
질병극복의 돌파구는 오직 성령의 능력만이 가능하심을
믿습니다.
하나님의 얼굴을 구하고 더욱 간절한 마음으로 기도하며
간구하겠사오니 주께서 응답해 주시옵소서.
_____병에 있는 질병을 일으키는 것들을 지금 성령의 손이
끄집어내고 계십니다.

_____통증을 만드는 것들을 하나님의 손이 움켜쥐고
끄집어내십니다.
실제로 살아있는 믿음의 능력이 말씀과 하나가 되어 치유될
곳에서 함께 운행하여 주시옵소서.
믿습니다. 믿습니다. 아멘! 아멘! 아멘!
이 시간 예수님의 능력과 성령의 능력으로 _____병의 영을
보혈의 권세로 끄집어냅니다.
이 시간 보혈의 능력과 불의 권능으로 _____통증 질병을
끄집어냅니다.

사람으로서는 할 수 없으나 우리 주님께서는 능히 해결해
주실 수 있음을 믿습니다.
예수님의 말씀 앞에서 너희가 할 수 있는 일은 아무것도
없음을 선포하노라.
주님의 손이 치유의 손이 되어 내 아픈 곳을 함께 만지시고
질병의 영들을 던져 버릴 수 있는 치유의 힘을 내려
주시옵소서.
아픈 곳을 직접 만지셔서 성령의 손이 질병을 움켜쥐고 저
깊은 무저갱으로 확 던져 주시옵소서.
다시는 내 앞에 나타나지 않게 도와주시옵소서.
만지지도 못하게 하여 주시옵소서.

주여! 주여! 주여! 나를 도와주시옵소서.

하늘의 힘을 부여해 주시옵소서.

치유의 힘을 내려 주시옵소서.

주님이 주시면 모든 것이 가능해질 수 있음을 믿습니다.

내 아픈 곳을 만지시고 내 연약한 곳을 강하게 하사 주

앞에서 온전한 자로 서게 하여 주시옵소서.

모든 질병의 세력을 믿음으로 끌어낼 수 있는 강력한 힘을

내려 주시옵소서.

질고의 영들을 성령의 손으로 움켜쥐고 단번에 찍어 버릴 수

있기를 간구합니다.

나는 예수님의 권세를 하늘로부터 부여받았으므로 더 큰

힘을 얻어 항상 승리할 것입니다.

내가 예수님을 의지하면 무조건 이길 수 있음을 믿습니다.

이기는 자의 존귀를 받게 될 것입니다.

이기는 자의 존영을 얻게 될 것입니다.

승리하는 자의 영광을 내려 주시옵소서.

예수님은 십자가로 마귀의 일을 완전히 제압하시고 멸해

주셨습니다.

불의 능력을 받아 항상 이기는 자가 되기를 간구합니다.

사망과 음부의 열쇠를 가지신 예수님이 마귀를 불못에 던져

넣으실 권세가 있으시니 질병의 마귀는 아무것도 아님을
믿습니다.
사망과 음부가 죽은 자들을 내어 줄 때 죄인은 심판받게
되지만
보혈을 힘입어 의인된 저는 이기는 자의 면류관을 받게 될
줄로 믿습니다.

영으로 깨닫는 자가 되어 영으로 기도하기를 원합니다.
모든 이름 위에 뛰어난 예수님의 이름은 나의 소망이십니다.
예수님 이름 안에는 치유의 권세가 있음을 믿습니다.
영적인 모든 치유도 우리 주 예수 그리스도이심을 믿습니다.
예수님의 권세로 치유 받아 질병도 이기게 하여 주시옵소서.
질병의 고통에서도 예수님의 피 묻은 손을 붙잡으면 승리할
수 있음을 믿습니다.
말씀을 믿음으로 선포하면 질병의 영들이 무너지고 소리치며
떠나감을 믿습니다.
믿음으로 선포하는 말씀에 하나님의 기적이 일어나게 하여
주시옵소서.
예수님의 이름을 외칠 때 영적인 권능이 주어집니다.
감사합니다~ 주님! 사랑합니다~ 주님!
하나님은 사모하는 내 영혼을 만족케 하시며 주린 내

영혼에게 좋은 것으로 채워 주실 것을 믿습니다.

기도의 영을 부어주셔서 하나님의 뜻을 알게 되고 영의
기도를 채워 주셔서 주님의 계획을 이루어 주시옵소서.
하나님이 주신 말씀을 그대로 받아 기도를 시작하겠습니다.
삼가 말씀을 주의하여 주님께 좋은 것을 얻게 하시고
여호와를 의지하여 하늘의 복을 받게 하여 주시옵소서.
하나님의 말씀은 내 영혼의 꿀송이 같아서 마음에 달고 내
영혼의 뼈에 양약이 됨을 믿습니다.

나의 건강을 위하여 예수님이 주시는 마음으로 기도를
시작합니다.
예수님의 이름으로 나의 건강을 위하여 기도하면 성령께서
즉시 행하실 것을 믿습니다.

아픈 부위 위에 성령께서 하늘로부터 임하시고 지금 바로
운행하여 주시옵소서.
지금 즉시 치유의 광선이 생명의 능력이 되어 기적을 베풀어
주시옵소서.
예수님의 이름으로 아버지께 무엇을 구하든지 다 받게
하신다고 말씀하신 대로 나의 _____병을 치료하여

주시옵소서.

나의 _____병이 보혈의 권세로 낫기를 원합니다.

내 아픈 부위를 만지시며 너희 믿음대로 된다고 말씀해 주신

주님의 말씀을 굳게 믿습니다.

나의 _____을 아프게 만드는 모든 질병의 세력들아

예수님의 이름으로 명하노니 즉시 떠나가라.

예수님의 이름으로 명하노니 완전히 떠나갈지어다.

보혈의 권세로 깨끗하게 나을지어다.

성령의 능력으로 온전하게 치유될 것을 믿습니다.

예수님의 이름으로 깨끗이 치유 받게 될 것을 확실하게 믿고

선포합니다.

예수님의 이름과 성령의 능력으로 명하노니 아픈 곳은

정상대로 회복될지어다.

성령의 불이 치유의 불로 임하게 될지어다.

보혈의 피가 치유의 피로 임하게 될지어다.

성령의 불이 치유의 불로 임하게 하여 주시옵소서.

보혈의 피가 치유의 피로 임하게 하여 주시옵소서.

예수님의 이름으로 _____치유 푯대를 향해 믿음으로

선포하며 전진합니다.

선포할 때마다 질병의 완고한 진들이 무너지게 하여

주시옵소서.

전진할 때마다 _____질환의 견고한 진들도 성령의 불로 녹아지고 없어지게 하여 주시옵소서.

예수님의 이름으로 명하노니 지금 즉시 치유의 광선이 나의 _____에 비춰질지어다.

모든 질병의 영들은 무저갱으로 떠나가고 떠나갈지어다.

예수님의 보혈이 나의 _____에 뿌리고 바르고 덮어지게 하여 주시옵소서.

_____은 완전히 치유될지어다.

_____은 온전히 치유될지어다.

_____세포는 다시 새롭게 살아날지어다.

_____세포는 다시 새롭게 돋아날지어다.

_____세포는 다시 새롭게 살아날지어다.

내 몸에 질병의 불법을 만드는 악한 영들은 예수님의 이름으로 명하노니 저 무저갱으로 떠나갈지어다.

내 마음은 하나님의 성전인 것과 성령님이 내 안에 계시는 것을 선포하노라.

너희들은 불법이다.

예수님의 이름으로 명하노니 불법임을 말하노라.

불법의 영은 예수님의 이름으로 결박 받고 영원한 저

무저갱에 던져질 것을 명령하노라.

내 몸은 하나님이 선한 방법으로 만드셨고 생명의 방법으로 운행하셨다.

그러므로 떠나가라! 사라져라! 소멸되라!

보혈의 권세로 _____이 부드럽게 풀어져라!

보혈의 손으로 내 _____이 풀어지게 만져 주시옵소서.

풀어질 때까지 치유의 손이 떠나지 않게 하여 주시옵소서.

성령의 손으로 내 _____을 부드럽게 만져 주시옵소서.

딱딱하게 굳은 내 아픈 곳이 부드러워질 때까지 온유의 손이 떠나지 않기를 간구합니다.

보혈의 손과 성령의 손이 하나가 되어 내 _____을 치료하고 계심을 믿습니다.

말씀의 손과 성령의 손이 하나가 되어 내 _____을 치유하고 계심을 믿습니다.

권능의 손과 성령의 손이 하나가 되어 내 _____을 제거하고 계심을 믿습니다.

치유의 손과 치료의 손이 빛이 되어 내 _____을 해결하고 계심이 믿겨집니다.

보혈의 권세로 모든 질병의 세력으로부터 자유하게 하여 주시옵소서.

깨끗이 나음을 입게 하여 주시옵소서.

말끔하게 나음을 입어 살아계신 하나님을 증거하는 복음자로
살기를 원합니다.

예수님의 이름이 치유의 능력이 됨을 믿습니다.

예수님은 치유의 근원자이시고 치유의 본체이신
하나님이십니다.

그러므로 예수님 안에서 _____을 치료하는 능력이 있음을
믿습니다.

이 시간 예수님의 이름과 성령의 능력을 힘입어 말씀의
능력을 믿고 선포합니다.

나의 _____질환은 깨끗하게 치유될지어다.

나의 _____질환은 깨끗하여질지어다.

나의 _____질환도 온전하게 치유될지어다.

나의 _____질환이 예수님의 이름으로 완전히 사라질지어다.

나의 모든 질병이 치유되어 하나님의 영광을 보게 하여
주시옵소서.

내가 가지고 있는 질병이 무너질 때 하나님의 영광이
세워짐을 믿습니다.

나의 질병은 하나님의 영광을 위함입니다.

내가 심히 아프고 내 마음도 구부러졌으나 종일토록 기도

중에 다니게 하여 주시옵소서.

나의 혀가 주님의 의를 말하고 하루 내내 주를 찬송하며 살게
하여 주시옵소서.

주께서 종일토록 기도하는 나에게 쉴 없는 은혜를
부어주시옵소서.

주를 찬송함과 주께 영광 돌림이 내 입에 가득하기를
원합니다.

나의 고통은 하나님께서 영광을 받게 하려 함임을 믿습니다.

나의 _____을 가져가시고 건강하고 튼튼한 몸으로 바꿔
주시옵소서.

나의 _____을 가져가시고 건강한 신경과 안정된 마음으로
바꿔 주시옵소서.

나의 모든 질병을 다 가져가시고 주님이 새롭게 만들고
창조해 주시옵소서.

하나님은 질병을 만들기도 하시고 질병을 없애기도 하시는
전능자이십니다.

나의 _____병을 주의 말씀으로 꾸짖어 주시옵소서.

내 몸에 붙어 있는 질병의 영들에게 불같은 호령을 내려
주시옵소서.

예수님의 이름으로 _____과 _____과 _____의 질환을
꾸짖는다.
지금 당장 나의 몸에서 떠나갈지어다.
나의 온몸에 하나님이 주시는 치유의 빛으로 가득가득
채워지게 하여 주시옵소서.
나의 _____병이 성령의 손으로 치유되어 밥을 먹을 때마다
하나님을 찬양하게 하여 주시옵소서.

나의 _____병이 성령의 손으로 치료되어 걸을 때마다
하나님을 찬양하게 하여 주시옵소서.
밥을 먹을 때마다 기뻐 춤을 추는 내 몸이 되게 하여
주시옵소서.
소화작용을 할 때마다 생체의 리듬이 찬양이 되게
해주시옵소서.

예수님의 보혈로 치유된 _____병이 소화작용을 할 때마다
찬양의 화음이 되게 하여 주시옵소서.
하나님 앞에 춤을 추고 노래하며 운동하는 내장기관이
되기를 간구합니다.
온몸에 예수님의 피가 순환되어 피의 공급이 있게 하여
주시옵소서.

육체의 생명은 피에 있음을 믿습니다.

예수님의 피를 나에게 주어 질병에 뿌려 나의 생명을 위해 치유하게 하실 것을 믿습니다.

자기 생명을 아끼지 않은 그리스도의 피가 나를 살리시고 치유하고 계십니다.

예수님의 피를 수혈받아 건강하고 힘 있고 튼튼한 신체가 되게 하여 주시옵소서.

신체활동이 하나님을 찬양하는 움직임이 되게 하여 주시옵소서.

정상적인 _____의 움직임으로 회복하여 주시옵소서.

정상적인 건강한 소리가 나게 하여 주시옵소서.

주님이 창조하신 대로 아름답고 규칙적인 신체 리듬이 되게 해주시옵소서.

내 몸을 기능하는 자율신경이 예수님의 이름으로 정상이 되는 안정을 주시옵소서.

말씀의 선포가 _____치유의 역사가 일어나는 기적이 되게 하여 주시옵소서.

말씀의 선포가 _____치료의 능력이 일어나는 이적을 보게 하여 주시옵소서.

질병이 풀어지고 질고가 떠나가게 하여 주시옵소서.

나의 _____병에 하나님의 권능이 강하게 임하기를 원합니다.

나의 _____병에 하나님의 치유가 지금 즉시 임하기를
간구합니다.

하나님의 권세로 _____을 치료해 주셔서 살아 계신 하나님을
나타내 주시옵소서.

나의 모든 질병의 짐을 예수님이 친히 지어주시옵소서.

나의 모든 고통의 짐을 예수님이 친히 거두어 주시옵소서.

질병은 사라지고 치유하는 능력만 가득하게 도와주시옵소서.

질병의 염려는 사라지고 평안과 평강이 임하게 하여
주시옵소서.

나의 소화기관이 보혈의 권세로 회복되기를 원합니다.

의를 위해 살아가려는 나를 기억하시어 내 배에서 생수의
강이 흘러넘치게 하여 주시옵소서.

생수의 강이 아픈 _____에 흘러가게 하여 주시옵소서.

아픈 곳에 임한 생수는 치유의 기름이 되어 염증의 흔적을
제거해 주시옵소서.

나의 _____은 건강할지어다.

나의 혈액은 깨끗해질지어다.

나의 머리는 맑아질지어다.

예수께서 말씀하시기를 "사랑하는 _____아/야 네 믿음이

너를 구원하였으니 평안히 살거라"

"네 _____ 통증에서 놓여 건강할지어다"

예수께서 손을 내밀어 _____에게 대시며 말씀하시되 "내가 원하노니 깨끗함을 받으라" 하시니 즉시 그의 _____병이 곧 떠나니라

너희에게 큰 평강이 있을지어다

큰 은총을 받은 사람이여 두려워하지 말라 평안하라

강건하라 강건하라

주께서 나에게 말씀하시니 내가 곧 힘이 나서 우리 주님께 이르게 됩니다.

내 주께서 나를 강건하게 하셨사오니 말씀하여 주시옵소서.

성령의 불로 불로 불로 충만하게 임할지어다.

내 주께서 나를 강건하게 하셨사오니 말씀하여 주시옵소서.

질병의 세력들아 그리스도의 보혈을 입은 나에게 조금도 다가오지 못할지어다.

이 시간 나의 배에 그리스도의 보혈을 뿌리고 바르고 덮노라.

모든 혈관과 위장과 조직은 정상으로 움직이게 하여 주시옵소서.

모든 소화기관은 튼튼할지어다.

잘 먹고 잘 지내고 있는 동안 주님께서 내 삶을 통해

고쳐주고 계실 것이 믿어지니 감사합니다.

그런즉 저는 먹든지 마시든지 무엇을 하든지 다 하나님의
영광을 위하여 하겠습니다.

약한 위장은 예수님의 이름으로 명하노니 강해질지어다.

허약해진 심장과 폐는 예수님의 이름으로 명하노니
튼튼해질지어다.

허약해진 간과 신장은 예수님의 이름으로 명하노니
건강해질지어다.

내 모든 장기들아 창조주이신 예수님의 이름으로 명하노니
제 자리를 지키고 제 기능을 회복할지어다.

주의 계명을 지키고 주 안에 거하고 있는 나를 살펴보시고
무슨 기도든지 다 이루어 주시옵소서.

영의 기도는 하나님이 받으시는 향기이고 하나님의 뜻을
이루는 언약임을 믿습니다.

하나님의 계명을 지켜온 나를 기억해 주시옵소서.

히스기야의 삶을 보시고 생명을 연장해 주신 하나님은
지금도 동일하신 하나님이십니다.

하나님 앞에서 주님이 기뻐하시는 것을 행한 내 삶을 기억해
주시옵소서.

내 기도와 섬김이 하나님 앞에 상달되어 치유의 은혜를 내려
주시옵소서.
복음을 이루기 위해 건강하게 살기를 원하고 원합니다.
보혈의 권세, 보혈의 능력으로 살게 하여 주시옵소서.
성령의 불, 성령의 능력으로 살게 하여 주시옵소서.
보혈의 권세 앞에 아무것도 할 수 없는 질고의 마귀는 미련한
피조물입니다.

넘을 수 없는 질병을 가져다주는 마귀는 예수님의 권세 앞에
헛된 일을 하고 있습니다.
성령의 권능 앞에서 안 된대도 또 뭔가를 시도하는 마귀는
한심하기 짝이 없습니다.
한심하기 짝이 없어 보이는 마귀는 보혈의 권세를 받은 내
앞에서 원하는 것을 할 수 없습니다.
시도해도 안 되고 노력해도 안 되는 질병의 마귀는 제풀에
죽어 나가떨어질 것입니다.

말씀 앞에서 헛되고 헛된 일을 하고 있는 질병의 영이
떠나가고 있습니다.
질병마귀는 앞으로 가면 보혈의 그물에 걸리고 뒤로 가도
보혈의 제단에 걸려 넘어집니다.

보혈의 그물에 걸려든 질병마귀는 한순간에 소멸됨을
믿습니다.
피하려고 아무리 애를 써도 피할 수가 없습니다.
보혈의 권세 앞에서 도망치려 해도 말씀에 눌려서 도망가지
못하는 마귀는 모든 힘을 잃어버릴 것입니다.
그러니 내가 무엇을 두려워하리오.

사람을 두려워하고 질병을 두려워하리오.
고생을 두려워하고 미래를 두려워하리오.
건강을 두려워하고 단절을 두려워하리오.
환경을 두려워하고 상황을 두려워하리오.
돈을 두려워하고 외로움을 두려워하리오.
죽음의 세력을 때려잡은 예수님이 계시므로 죽음도 두렵지
않습니다.

질병의 마귀를 멸하신 예수님이 나를 지키고 계시므로
이제는 질병도 두렵지 않습니다.
내 혈과 육을 함께 치료해 주시옵소서.
주님 안에서는 아무것도 두렵지 않습니다. 아멘.
말씀 안에서는 아무것도 두렵지 않습니다. 아멘.
성령 안에서는 아무것도 두렵지 않습니다. 아멘.

보혈 안에서는 아무것도 두렵지 않습니다. 아멘.

순종 안에서는 아무것도 두렵지 않습니다. 아멘.

사랑 안에서는 아무것도 두렵지 않습니다. 아멘.

믿음 위에 서서 아무것도 염려하지 않겠습니다.

십자가 밑에 앉아서 어떤 근심도 하지 않겠습니다.

겁만 잔뜩 주는 질병마귀는 성령 앞에서 종이 호랑이가 되어
불타 없어질 것입니다.

종이는 성령의 불로 태워 버리면 그만입니다.

성령의 불을 내 심령과 온몸에 내려 주시옵소서.

질병마귀가 아무리 요란스러워도 성령의 불 앞에서 할 수
있는 것은 바들바들 떠는 것뿐입니다.

불안한 마귀는 겁먹은 채 한 길로 왔다가 열 길로 도망갈
것이 틀림없습니다.

비참한 마귀는 비참하게 떠나갈 것입니다.

너희는 마음에 근심하지 말라. 아멘.

하나님을 믿으니 또 나를 믿으라. 아멘.

내 아버지의 집에 거할 곳이 많으니 내가 너희를 위하여
거처를 예비하러 가노라. 아멘.

이 말씀을 듣고 읽은 저는 큰 소망이 생겼고 주님의 위로와
치료를 받았습니다.

영원한 거처가 있는데 무엇이 나를 염려하게 만들고 누가
나를 흔들어 댈 수 있으리이까.
없습니다! 없습니다! 어떤 것도 나와 주님과의 사랑에서
끊어낼 수 없음을 믿습니다.
오직 두려워할 자는 죽인 후에 지옥에 던져 넣는 권세 있는
하나님만을 두려워합니다.
마땅히 두려워할 자는 음부의 열쇠를 가지신 우리
주님이십니다.
나는 참으로 하나님을 두려워합니다.
나는 참으로 하나님을 경외합니다.
나는 참으로 하나님을 예배합니다.
나는 참으로 하나님을 찬양합니다.
내 질병을 치료해 주실 하나님을 경외하고 예배하게 하여
주시옵소서.

영광 중에 영광으로 계신 하나님이 내 질병을 영광의 손으로
치유하시고 하나님이 모든 영광을 받아 가시옵소서.
광채를 비춰주시고 치유광선의 빛으로 내 아픈 부위를
비춰주시옵소서.
하나님의 빛으로 한 점 틀림도 없이 아픈 부위를 정확하게
비추어 주시옵소서.

기도의 영권으로 마귀를 짓누르는 힘을 주시옵소서.
기도의 불검으로 마귀를 때려잡게 하여 주시옵소서.
성령의 불권으로 마귀를 제압하는 힘을 주시옵소서.
짓누르고 때려잡고 제압하는 영력을 더하여 주시옵소서.
말씀의 권능으로 질병의 마귀를 잡아 집어던집니다.
던져진 질병마귀는 정신없이 도망가고 순식간에 떠나갈 것을
믿습니다.
예수님의 이름으로 질병을 통제합니다.

예수님의 이름으로 마귀의 일을 제압합니다.
예수님의 이름으로 마귀의 일을 멸해 버립니다.
예수님의 이름으로 마귀의 머리를 산산조각 내버립니다.
꼼짝 못 하는 질병마귀가 기도의 힘 앞에서 당황하게 하여
주시옵소서.
당황하는 순간 질고의 마귀는 모든 힘을 잃게 됩니다.
마귀가 굴복하고 무릎을 꿇었으므로 모든 질환은 깨끗하게
치유되었습니다.
_____에서 완전히 해방되었습니다.
_____통증에서 시원하게 해방되었습니다.
_____병에서 영원히 해방되었습니다.
모든 질병에서 완전히 해방되었음을 선포합니다.

모든 질병에서 완전히 풀어졌습니다.

모든 질병에서 완전히 나아졌습니다.

기도한 대로 질병의 영은 떠나갔습니다.

기도하고 생각한 대로 질병의 영은 사라졌습니다.

기도하고 믿은 대로 예수님이 _____병을 치료하고 계십니다.

기도하고 믿은 대로 예수님이 _____을 치료하고 계심을
믿습니다.

보혈을 의지하여 스스로 기도하는 나에게 하나님이 주시는
치유의 옷을 입게 하여 주시옵소서.

치유의 옷은 곧 믿음의 기도임을 선포합니다.

치유의 세마포를 입혀 주셔서 내 영이 기뻐 춤추게 하여
주시옵소서.

담대하게 믿음으로 선포하는 나에게 하나님의 치유가
임하기를 원합니다.

예수님의 피로 씻음 받은 자답게 모든 질병에서 깨끗하게
치유되기를 간구합니다.

예수님이 사랑하는 신부된 권위로 질병의 영을 이기고
이기게 하여 주시옵소서.

이기는 자가 받는 상급도 함께 받을 수 있도록
도와주시옵소서.

예수님을 의지하여 질병도 이기고 상급도 받고 칭찬도 받는
신부가 되기를 원합니다.
성령의 힘으로 이기고 또 이기게 하여 주시옵소서.
냇물 소리와도 같은 하나님의 음성이 치유의 소리로 임하게
하여 주시옵소서.
음성을 듣는 자는 곧 치유될 것이요 그 음성이 곧 말씀이
되었음을 믿고 선포합니다.
주님의 이름으로 선포하는 것은 무엇이든지 시행하실 것을
믿습니다.
내가 무엇이든지 아버지께 구하는 것을 예수님의 이름으로
주실 것입니다.

예수님의 이름으로 구하겠습니다.
그리하면 받을 것이고 기쁨이 충만해질 것입니다.
주님의 이름으로 아무것도 구하지 않아서 받지 못하였음을
알게 되었습니다.
내가 주님을 사랑하고 주님이 하나님께로부터 온 줄
믿었으므로 나의 간구가 이루어질 것입니다.
질병 가운데 있을지라도 그리스도 안에서 평안을 누리게
하여 주시옵소서.
예수님이 세상을 이기셨으니 담대하게 전진하겠습니다.

예수님이 질병도 이기셨으므로 나도 주 안에 있으면 능히
질병도 이길 수 있음을 믿습니다.
예수님께서 밝히 말씀해 주시고 일러주신 영의 기도를
받아주시옵소서.
성령을 믿음으로 마십니다.
보혈의 피가 되게 하여 주시옵소서.
치유의 피가 되게 하여 주시옵소서.
능력의 피가 되게 하여 주시옵소서.
권능의 피가 되게 하여 주시옵소서.
성령을 믿음으로 마시고 마십니다.
예수 그리스도의 십자가가 되게 하여 주시옵소서.

예수 그리스도의 사랑이 되게 하여 주시옵소서.
성령님의 품 안에서 가득 잠기기를 원합니다.
그리하여 내 영이 성령의 생수 안에서 완전히 잠기게 하여
주시옵소서.
주의 보혈을 의지하여 주께 나아갑니다.
_____과 _____에서 해방되게 하여 주시옵소서.
오직 보혈만이 나의 힘이요 능력이요 권세입니다.
오직 예수님이 흘린 피권세로 질병에서 승리하게 하여
주시옵소서.

거룩하신 주의 보혈로 내 위장을 씻어 주시고 내 머리를 씻겨
주시옵소서.

내 _____을 지고 가신 예수님이 나를 _____에서 자유케
하여 주시옵소서.

내 _____을 가지고 가신 예수님이 나를 _____에서 정결케
하여 주시옵소서.

내 _____통증을 가지고 가신 예수님이 나를 _____통증에서
해방되게 하여 주시옵소서.

예수 그리스도의 치유가 되게 하여 주시옵소서.
예수 그리스도의 화평이 되게 하여 주시옵소서.
예수 그리스도의 평안이 되게 하여 주시옵소서.
예수 그리스도의 안정이 되게 하여 주시옵소서.
예수 그리스도의 기쁨이 되게 하여 주시옵소서.
예수 그리스도의 감사가 되게 하여 주시옵소서.
예수 그리스도의 영원한 생명이 되게 하여 주시옵소서.

성령의 치유가 내 모든 질병에 적용되어 깨끗이 치유되기를
원합니다.

하나님이 내 _____치유 사역에 힘써 행하여 주시옵소서.

하나님의 백성을 치유해 주시는 일을 말씀대로 행하여

주시옵소서.

하나님의 사람을 치유해 주시는 일을 긍휼대로 행하여
주시옵소서.

하나님의 자녀를 치유해 주시는 일을 사랑 가운데 행하여
주시옵소서.

질병마귀는 보혈의 권세 앞에서 사라질지어다.

질병의 틈을 찾고 있는 악한 영들아 예수님의 이름으로
떠나가라.

안 되는 것을 알면서도 다시 찾아오는 악한 영들아 십자가
앞에서 한없이 작아질지어다.

그러고도 또 찾아왔다가 있는 것마저 다 빼앗기는 멍청한
영들아 예수님의 이름으로 쫓겨날지어다.

하나님 다시 찾아오는 마귀가 이제 보니 불쌍해 보이기까지
합니다.

그렇다고 악한 영들에게 죄악의 밥상을 차려줄 수는
없습니다.

뿌듯함 속에 숨어있는 죄를 용서해 주시옵소서.

스스로 잘 하고 잘 했다고 생각한 자기의를 보혈로 용서해
주시옵소서.

실망한 사람에 대해 다른 사람 앞에서는 함부로 말하고
당사자에게는 좋게 말하면서 나를 괜찮은 사람으로 생각하게
만든 위선을 용서해 주시옵소서.
보혈의 칼과 성령의 검으로 질병의 마귀들을 한꺼번에
전멸시켜 주시옵소서.
마귀가 우는 사자같이 왔다가 죄의 먹이가 없어 슬피 울며
사라지게 하여 주시옵소서.
이를 갈고 도망가다가 이가 빠진 사자같이 도망가게 하여
주시옵소서.

도망가고 도망가도 보혈의 그물에 걸려든 마귀를 멸하여
주시옵소서.
발버둥 칠수록 사방에 있는 성령의 검이 악한 영들을
소멸시켜 주시옵소서.
미련한 마귀는 연합군을 요청하지만 찾아오는 연합군마저
함께 묶임 받아 저 깊은 무저갱에 던져지게 하여 주시옵소서.
마귀의 마지막 끝은 불못임을 기억하고 살겠습니다.
두려워하지 않고 오직 예수님만 붙잡고 있으면 모든
질병에서 승리할 수 있습니다.
안 되는 데도 또 와서 설쳐대는 마귀는 보혈의 권세 앞에
스스로 무너지게 될 것입니다.

나를 공격하면 할수록 더 공격당하는 마귀는 성령의 불
앞에서 전멸됩니다.
하늘에서 번개같이 마귀의 군단들이 다 무너져 내리게 하여
주시옵소서.
하나님이 두려워하지 말라 말씀하셨으니 _____병을
두려워하지 않겠습니다.
하나님이 근심하지 말라 말씀하셨으니 _____통증을
근심하지 않겠습니다.

하나님이 염려하지 말라 말씀하셨으니 _____을 염려하지
않겠습니다.
하나님이 깨어 기도하라고 말씀하셨으니 기도만 하면 모든
질병은 떠나가고 치유가 될 수 있음을 믿습니다.
하나님을 믿으니 나를 믿으라고 말씀하신 주님의 말씀이
최고입니다.
예수님의 말씀 한 말씀이면 모든 것이 다 해결됩니다.
어떤 질병도 다 치료되고 말씀의 뜻을 온전히 이루게 됨을
믿습니다.

어떠한 질고도 보혈의 권세로 치유받게 하여주시고 십자가의
능력으로 질고의 영을 이기게 도와주시옵소서.

보혈 앞에서 질병을 옮기는 마귀의 진이 한순간에 사라지고
흔적도 없이 소멸되게 하여 주시옵소서.
보혈의 권세 앞에 당황한 마귀가 어쩔 줄 모르게 하여
주시옵소서.

이미 당황했으므로 모든 힘을 다 빼앗긴 마귀는 아무것도 할
수 없는 처참한 패배자일 뿐입니다.
그러나 나는 예수님의 권세를 힘입어 질병에서 완벽한
승리를 할 수 있는 하나님의 자녀입니다.
질병에서 이기게 하여 주시고 질고에서 승리하게 하여
주시옵소서.
나의 이김이 주님의 영광이 되고 나의 승리가 우리 주님의
복음이 되게 하여 주시옵소서.
질병의 환경을 뛰어넘게 하여 주옵소서.

질고의 상황을 거뜬히 뛰어넘게 하여 주옵소서.
질고의 고난을 넉넉한 믿음으로 뛰어넘게 하여 주옵소서.
뛰어넘고 인내할 때마다 하늘의 칭찬이 있게 하여
주시옵소서.
뛰어넘고 감사할 때마다 하늘의 상급이 있게 하여
주시옵소서.

뛰어넘고 낮아질 때마다 하늘의 영광이 있게 하여
주시옵소서.
성령님은 가능하십니다.
예수님은 가능하십니다.
하나님의 말씀은 능치 못할 것이 없음을 믿습니다.
그 말씀이 나에게 실상이 되어 _____병을 고쳐주시고 _____
통증을 낫게 하여 주시옵소서.

질고의 고통을 예수님의 사랑으로 없애 주시옵소서.
고치시고 낫게 해 주시고 모든 질병을 제거해 주시는 분은
오직 여호와 하나님임을 믿습니다.
기도할 때마다 치유의 기름을 부어주시고 기도하는 동안
치유의 손으로 만져 주시는 나의 주 나의 하나님이신 예수
그리스도의 이름으로 기도 올려 드립니다. 아멘.

네 빛이 새벽 같이 비칠 것이며 네 치유가 급속할 것이며

네 공의가 네 앞에 행하고 여호와의 영광이 네 뒤에 호위하리니 사 58:8

믿음의 선포가 치유로 임하는 기도

내가 내 모든 선한 것을 네 앞으로 지나가게 하고 여호와의 이름을 네
앞에 선포하리라 나는 은혜 베풀 자에게 은혜를 베풀고 긍휼히 여길
자에게 긍휼을 베푸느니라 출 33:19

하늘과 땅의 권세를 가지신 하나님이 나의 질병을 치료하는
것은 아무것도 아닌 일임을 믿습니다.
주님은 모든 것을 능하게 하셨고 모든 것을 이루시는
전능하신 하나님이십니다.
내 질병을 치료해 주시고 낫게 해 주실 여호와 하나님을
찬양합니다.
내 질병을 치료해 주시고 회복해 주실 여호와 하나님을
경배합니다.
내 질고를 짊어지시고 해결해 주실 하나님을 믿고
의지합니다.
믿고 의지할 때마다 더 큰 믿음의 능력이 나타나게 하여
주시옵소서.
주님께 내 질고를 완전히 맡길 때 주님께서 아픈 곳을
치료하시고 주님께서 선하신 뜻을 이루어 주실 것입니다.

믿고 선포할 때마다 더 큰 믿음의 권능이 나타나게 하여
주시옵소서.
믿음으로 치유 받고 믿음으로 회복되고 믿음으로
간구합니다.
그의 나라를 이루고 복음을 전하기 위하여 _____병을 낫게
하여 주시옵소서.
그의 나라와 의를 위하여 살고 있는 내 삶을 보시고 이제
그만 회복하는 은혜를 내려 주시옵소서.
하나님이 나의 기도를 들으셨고 내 눈물을 보셨사오니
건강수한이 30배 60배 100배로 더해 주시옵소서.
건강하고 건강하고 건강하게 살기를 원합니다.

튼튼하고 튼튼하고 튼튼하게 살기를 원합니다.
하나님의 사랑을 행함과 진실함으로 살아가는 나의 거룩한
흔적을 기억해 주셔서 _____병을 치료해 주시옵소서.
하나님께 속하여 거룩의 공의를 입고 순종하는 나를 보시고
_____병을 치료하여 주시옵소서.
주를 향하여 소망을 가진 내 건강은 곧 복음화를 위한 의의
무기가 될 수 있음을 기억해 주시옵소서.
나를 고치시고 나를 주의 영광을 위해 써 주시옵소서.

건강하고 튼튼한 신체를 의의 무기로 만들어 의에 죽고 의에
살기를 원합니다.
하나님의 힘과 생기가 나를 강건하게 하여 주시옵소서.
성령의 강력한 기름 부음이 아픈 부위에 임하기를 원합니다.
성령의 강력한 치유의 기름이 아픈 부위에 부어지기를
간구합니다.
치유의 광선으로 깨끗이 치유 받게 하여 주시옵소서.
치유의 빛으로 완전하게 낫게 하여 주시옵소서.
나를 괴롭히는 모든 질병의 세력을 성령의 불로 다 태워
주시옵소서.
모든 마음의 갈등과 질병의 근심에서 해방되게 하여
주시옵소서.

질병의 문제를 가지고 하나님께 나왔습니다.
내 아픈 부위에 예수님의 보혈을 뿌려주시고 바르게 하여
주시고 주의 보혈로 덮어 주시옵소서.
아픈 곳에 치유의 손이 임하게 하여 주시옵소서.
지금 즉시 임하여 주시옵소서! 성령의 불이 임하여
주시옵소서!
깨끗하고 건강한 _____으로 바꿔 주시옵소서.
나를 괴롭히는 _____병이 예수님의 이름으로 떠나게 하여

주시옵소서.

나에게 하나님의 영광이 충만하게 임하여 주시옵소서.

모든 더러운 질병을 일으키는 세포들이 성령의 불로 완전히 녹아 없어지게 하여 주시옵소서.

성령님 저를 통하여 흐르십시오.

흘러 들어가는 곳마다 치유가 일어나게 하여 주시옵소서.

스며드는 곳마다 새롭게 하여 주시옵소서.

성령님이 저를 통하여 역사해 주시옵소서.

성령의 불 불 불 불!

나는 예수님의 이름으로 건강한 체질이 될 것입니다.

성령님이 내게 임하셨으니 나는 건강한 체질로 바뀌게 될 것입니다.

나는 예수님의 이름으로 질병을 거부한다.

이 질병은 나의 것이 아니다.

질병의 영들아 내 몸은 너희가 있을 곳이 아니다.

내 몸은 하나님이 계시는 거룩한 성전임을 선포하노라.

예수님이 너보다 영원히 큰 분이시다.

너는 성령의 불로 태워지든지 내 몸에서 떠나든지 해야 할 것이다.

예수님의 이름으로 막힌 것이 뚫어질지어다.

뚫어질지어다. 뚫어질지어다. 뚫어질지어다.
열려질지어다. 열려질지어다. 열려질지어다.
나는 예수님이 원하시는 대로 건강한 체질로 바뀌게 될
것이다.
예수님께서는 자기가 원하는 자들을 살리신다고 말씀하셨다.
나는 예수님이 원하는 자로 부르심을 받아 그의 나라와 의를
위하여 기도하고 있다.
_____의 통증아 예수님의 이름으로 떠나갈지어다.
_____의 통증들아 너희들은 사라질지어다.
나의 통증을 가지고 무저갱으로 돌아갈지어다.
내 몸에 있는 질병의 담들아 예수님의 이름으로
무너질지어다.

성령의 능력으로 처참하게 붕괴될지어다.
예수님의 보혈과 성령의 불이 내 몸에 있는 질병에 임하여
모든 것들이 청산될지어다.
아픔과 고통의 덫에서 하늘의 기쁨으로 해방될지어다.
자유할지어다.
예수님의 이름으로 명령한다.
너희들은 순복할지어다.
통증과 빈약한 모든 것들이 성령의 불로 태워질지어다.

성령의 불이 아픈 곳에 정확히 임하여 주시옵소서.
예수님의 피가 아픈 곳에 흐르게 하여 주시옵소서.
보혈의 피가 뿌려지고 발라지고 덮일 때마다 하늘의 권능이
임하게 하여 주시옵소서.
질병의 세포들이 예수님의 이름으로 소멸하게 하여
주시옵소서.

내가 어디에 가서 식사를 하든지 하늘의 은혜로 즐겁게
음식을 먹게 하여 주시옵소서.
나의 _____병이 보혈의 피로 가득 차게 하여 주시옵소서.
나의 온몸이 보혈의 피로 넘치게 하여 주시옵소서.
모든 질병이 피의 능력으로 치유되게 하여 주시옵소서.
내 온몸의 피가 보혈의 피로 넘치게 하여 주시옵소서.
모든 질병의 세력으로부터 자유하게 하여 주시옵소서.
내 _____병을 일으키는 근심과 걱정과 염려의 영들아 보혈의
권세로 명하노니 저 무저갱으로 떠나갈지어다.

능하신 이가 큰 일을 내게 행하셨으니 주님의 이름이
거룩하고 거룩하고 거룩하십니다.
예수님의 이름으로 행하는 일들이 복음의 증거가 되게 하여
주시옵소서.

내가 주의 진리로 치유기도를 행하리니 일심으로 주의
이름을 경외하게 하여 주시옵소서.
치유를 통해 내가 주를 높이고 주의 이름을 찬송할 것입니다.
범사에 기한이 있고 천하만사가 다 때가 있을 것인즉 지금은
치유의 때가 되었사오니 치유가 하나님의 때가 되게 하여
주시옵소서.
하나님의 말씀은 헛되이 돌아가지 않는다고 하셨사오니
선포된 말씀이 내 질병을 치유하고 주님이 기뻐하시는 뜻을
이루어 주시옵소서.

오직 하나님의 영광만을 위하여 살아가는 내 삶을 보시고
아프기 전의 건강한 모습으로 회복시켜 주시옵소서.
모든 음식을 잘 먹고 소화되어야 어떤 질병이든 몸의 회복이
빠르게 진행될 수 있습니다.
주님이 내 위장의 기능을 정상대로 회복시켜 주시옵소서.
성령의 힘이 내 위장의 기능이 정상대로 움직이도록
도와주시옵소서.
예수님의 이름으로 명하노니 위장 질환은 깨끗하게
치유될지어다.
예수님의 이름으로 이전보다 더 튼튼하게 치유될지어다.
하나님의 권능과 권세가 나의 모든 질병을 치료해 주셔서

땅끝까지 하나님이 살아 계신 것을 증거하게 하여
주시옵소서.
나를 지치게 하는 질병의 짐을 가져가시고 기쁨과 치료의
옷을 입혀 주시옵소서.
내 모든 질병의 짐을 주님께 내어 드리오니
다 가져가시옵소서.
하나도 남김없이 모두 다 가져가시기를 간구합니다.
억울함도 가져가시고 지난 과거의 상처도 가져가셔서 남아
있는 여생을 보낼 때 힘들지 않은 삶을 살도록 은혜를 내려
주시옵소서.
나에게 치유의 능력이 임하게 하여 주시옵소서.
나에게 치유의 광선이 발하게 하여 주시옵소서.
나에게 치유되는 성령의 역사를 허락하여 주시옵소서.
보혈을 의지하여 아픈 곳에 손을 얹을 때 즉시 치유하여
주시옵소서.

보혈의 피가 아픈 곳에 임하게 하여 주시옵소서.
아프고 불편한 곳에 보혈의 피가 임할 줄 믿습니다.
임하고 임할지어다!
예수 그리스도의 피능력이 임할지어다.
강건하고 강건할지어다! 강건할지어다! 강건할지어다!

주님의 신부로 거룩과 정결한 삶을 사는 내 건강을 회복시켜
주셔서 더욱 그리스도의 신부로 살게 하여 주시옵소서.
정결함과 거룩함으로 살아가는 내 삶을 보신 주님이 나의
건강을 되찾아 주시옵소서.
내 _____병에 예수님의 보혈을 뿌리고 바르고 덮습니다.
나의 _____병에 성령의 불이 치유의 불로 임하였음을
선포합니다.
나의 아픈 부위에 예수님의 보혈을 뿌리고 바르고 덮습니다.
피의 능력이 임하게 하여 주시옵소서.
피의 권세가 임하게 하여 주시옵소서.
피의 치유가 임할 것을 믿습니다.
성령의 능력이 임하게 하여 주시옵소서.

말씀의 능력이 임하게 하여 주시옵소서.
모든 질병이 떠나가게 하여 주시옵소서.
질병의 영이 내 근처에 조금도 다가오지 못하게 하여
주시옵소서.
무릎 관절에 숨어있는 악한 세력은 소멸될지어다.
예수님의 피가 모든 관절과 힘줄과 근육에 뿌려집니다.
뿌려질 때마다 새 힘이 솟아나게 하여 주시옵소서.
뿌려질수록 더욱 강건하게 하여 주시옵소서.

허리 마디에 숨어있는 악한 세력은 전멸될지어다.
위장 안에 숨어있는 악한 세력은 소멸될지어다.
모든 통증을 불러일으키는 더러운 영들은 완전히 사라지고
없어질지어다.

혈관 속에서 피의 순환을 방해하는 악한 영들은 예수님의
이름으로 명하노니 소멸될지어다.
하나님의 영광 가운데 거하게 하여 주옵시고 성령의 능력과
권능이 임하게 하여 주시옵소서.
하나님의 힘과 생기가 나의 무릎에 임할지어다.
하나님의 힘과 생기가 나의 허리에 임할지어다.

하나님의 힘과 생기가 나의 위장에 임할지어다.
하나님의 힘과 생기가 나의 심장과 폐와 간에 임할지어다.
하나님의 힘과 생기가 내 속사람에 임할지어다.
하나님의 힘과 생기가 나의 마음과 생각에 임할지어다.
내 영혼육이 강건하고 강건하게 하여 주시옵소서.
내 모든 소화기관은 정상으로 기능하게 도와주시옵소서.
내 모든 면역기관이 정상으로 작용하게 도와주시옵소서.
내 모든 자율신경이 정상으로 작용하기를 원합니다.

건강을 회복한 저는 복음을 증거하는 아름다운 발이
되겠습니다.
건강하고 튼튼하게 살아가도록 치유의 영을 보내
주시옵소서.
내 주변에 하늘에서 보낸 치유의 천사가 겹겹이 둘러싸게
하여 주시옵소서.

내 모든 아픈 곳들이 성령의 능력으로 치유될지어다.
내 모든 불편한 곳들이 보혈의 능력으로 회복될지어다.
예수님의 이름으로 명하노니 모든 근육들에 새 힘이
생길지어다.

머리부터 발끝까지 하늘의 권능이 부어질지어다.
건강하고 건강하고 건강해질지어다.
회복되고 회복되고 회복될지어다.
튼튼하고 튼튼하고 튼튼해질지어다.
그리스도께서 내 몸이 건강하고 회복되고 튼튼해지기를
원하신다.

몸에 있는 모든 스트레스의 염증들은 사라질지어다.
모든 눌린 신경은 예수님의 손으로 치유될지어다.

모든 눌린 마음은 예수님의 손으로 해방될지어다.

내 몸에서 아픈 모든 곳은 예수님의 손으로 치유될지어다.

_____의 통증도 성령의 손으로 회복될지어다.

그리스도의 신부된 자격으로 명하노니 모든 문제와 질병을
단호히 거부한다.

나에게 있는 모든 문제와 질병은 말씀에 어긋난다.

질병의 불법을 만드는 악한 영들아 예수님의 이름으로
명하노니 저 무저갱으로 떠나갈지어다.

내 몸에 있는 너희들은 불법이다.

악한 영들이 떠나가고 질서의 영들이 임하게 하여
주시옵소서.

그리하여 내 몸에 있는 모든 기관들이 질서 있게 작용하도록
도와주시옵소서.

질병을 만드는 견고한 진들은 성령의 손으로 완전히
무너질지어다.

하나님의 힘과 생기가 나를 강건하게 만드실 것입니다.

하나님의 힘과 생기가 나를 강건하게 만드실 것이 믿어지니
무한 감사드립니다.

모든 것이 정상대로 회복되고 치유되게 하여 주시옵소서.

모든 질병의 고통에서 완전히 사라지게 하여 주시옵소서.

내가 있는 모든 곳에 강력한 성령의 불이 임하게 하여
주시옵소서.
하나님의 힘과 생기가 나를 강건하게 만드실 것입니다.
성령의 능력과 권능이 나를 강건하게 만드실 것입니다.
모든 것이 정상대로 회복되고 치유되게 하여 주시옵소서.
모든 것이 치유되고 회복되는 것이 하나님이 원하시는
뜻임을 믿습니다.
모든 것이 치유되고 회복되는 것이 하나님의 사랑입니다.
나를 자녀 삼아 주셨으니 하나님이 원하시는 대로 치유하여
주시옵소서.

하나님의 뜻대로 하나님이 원하시는 대로 회복시켜
주시옵소서.
모든 질병의 고통이 완전히 사라지게 하여 주시옵소서.
내가 있는 모든 곳에 강력한 성령의 불이 임하기를 원합니다.
성령의 불 성령의 불 성령의 불이 임하게 하여 주시옵소서.
말씀의 불 말씀의 불 말씀의 불 말씀의 불이 임하게 하여
주시옵소서.

치유의 불 치유의 불 치유의 불 치유의 불이 임하게 하여
주시옵소서.

하나님을 예배하지 못하게 만드는 질병의 영들은 예수님의
이름으로 무너지고 사라질지어다.
그리스도의 신부가 된 나의 기도와 간구는 영의 기도이므로
즉시 응답될 것입니다.
믿습니다! 믿습니다! 믿습니다!
보혈의 피권세를 믿습니다.
보혈의 피회복을 믿습니다.
피권세 피회복은 주님이 흘려주신 피의 사랑입니다.
피가 생명이며 피가 능력이 되어 아픈 _____병을
치료합니다.

예수님의 신부된 영광으로 명하노니 모든 질고를 철저히
거부한다.
마음이 정상대로 회복되고 생각이 정상대로 회복될지어다.
온몸이 온전하게 회복되게 하여 주시옵소서.
내 사역을 괴롭히는 고통의 영들은 예수님의 이름으로
떠나갈지어다.
나에게 있는 모든 질병을 일으키는 불법의 영들아 불법의
장소로 떠나갈지어다.
나에게 하나님의 권능이 충만하게 임하였음을 믿음으로
선포합니다.

하나님이 주시는 복되고 복된 건강한 몸으로 살게 될 것을
믿음으로 선포합니다.

하나님이 주시는 복되고 복된 튼튼한 몸으로 살게 될 것을
믿습니다.

내 질병에 예수님의 손을 얹고 세포 하나하나에 명하노니
건강했던 원래의 모습으로 돌아갈지어다.

나의 헐어진 _____세포는 예수님의 이름으로 명하노니 다시
재생할지어다.

아프던 곳이 깨끗하게 돋아나고 새롭게 살아날지어다.

이전보다 더 깨끗한 세포로 만들어질지어다.

모든 세포는 예수님이 만드셨고 주님의 명령대로 회복될
것이다.

예수님을 믿고 선포하는 말에 치유가 임하게 하여
주시옵소서.

성령님이 내 질병에 손을 얹고 직접 만지시고 빚으셔서
새롭게 하여 주시옵소서.

예수님의 보혈과 성령의 능력이 내 _____질환을 새롭게
창조하여 주시옵소서.

아픈 부위에 성령으로 채워 주시옵소서.

아픈 부위에 말씀으로 채워 주시옵소서.

아픈 곳에 보혈의 피로 채워 주시옵소서.

내 관절과 허리와 위장은 튼튼하게 살아날지어다.

예수님의 이름으로 명한다.

가난한 자들을 예수님의 마음으로 불쌍히 여기며 살아온 내

삶을 기억하여 주시옵소서.

가난하고 소외된 자들에게 그리스도의 손이 되어 섬긴

선행은 여호와께 꾸어 드리는 것이라고 말씀하셨습니다.

하나님이 내 _____병과 몸의 불편한 것을 성령의 능력으로

치유 받게 하여 주시옵소서.

건강이 회복된 내 얼굴에 하나님이 주시는 영광의 빛으로

가득하게 하여 주시옵소서.

얼굴에 근심이 떠나가고 얼굴빛을 고쳐주셔서 즐거운 모습이

되기를 원합니다.

마음의 기쁨은 얼굴을 빛나게 하여도 마음의 근심은 심령을

상하게 합니다.

성령께서 주시는 치유의 은사가 나에게 임하여 주시옵소서.

성령의 능력이 임하여 스스로 기도할 때에 아픈 곳이

깨끗하게 치유되는 병 고치는 은사가 임하기를 원합니다.

나의 건강을 위하여 하나님께 두 손 들고 기도하며
선포합니다.
거룩한 손을 들어 기도하면 하늘의 능력이 임하게 됩니다.
모든 아픈 곳에 성령의 능력이 치유의 빛으로 임하시어
능력으로 운행하여 주시옵소서.

하나님께서는 나에게 치유의 권능과 회복의 권세를
주셨습니다.
나의 ＿＿＿을 아프게 하는 질병 위에 보혈의 피가 덮어지게
하여 주시옵소서.
믿는 자들에게는 예수님의 이름으로 귀신을 쫓아내며 나쁜
것을 먹어도 해를 받지 아니하며 병든 사람에게 손을 얹은즉
낫는다고 말씀하셨습니다.
이 말씀을 마치신 후 예수님은 하늘로 올려지시고 하나님의
우편에 앉으셨습니다.
예수님이 하늘로 가시기 전에 말씀하신 치유의 능력을
지금도 보게 하여 주시옵소서.
치유의 기적을 얻게 하여 주시옵소서.
예수님이 주시는 ＿＿＿＿치료는 내 것입니다.

예수님이 주시는 허리치료는 내 것입니다.

예수님이 주시는 정신건강 치료는 내 것입니다.
성령의 불권으로 주시는 _____치유는 내 것입니다.
보혈의 불권으로 주시는 _____치유는 내 것입니다.
말씀의 불권으로 주시는 _____치유는 내 것입니다.
치유되는 즉시 내 것임을 믿고 선포합니다.
내 것입니다! 내 것입니다! 주님의 이름으로 내 것입니다!

성령의 불이 임한 내 머리에는 성령님의 강력한 기적이
있습니다.
성령의 불이 임한 내 손과 발에는 하나님의 강력한 능력이
있습니다.
성령의 불이 임한 내 가슴과 배에는 하나님의 강력한
기름부음이 있습니다.
그 손으로 아픈 부위에 손을 얹고 기도하면 치유의 능력이
나타납니다.
내가 믿음으로 손을 들어 아픈 부위에 얹었을 때 즉시
치유되는 역사가 일어나게 하여 주시옵소서.
치유의 능력이 임하기를 원합니다.
치유의 능력을 보게 하여 주시옵소서.
질병의 세력은 예수님 앞에 무릎을 꿇고 조금도 힘을 쓰지
못하게 하여 주시옵소서.

질병의 세력들은 예수님의 이름으로 꺾이고 부서질지어다.
질병이 사라지고 아픔이 없어지는 그 자리에 기쁨과
평안으로 채워 주시옵소서.
예수님의 심장으로 살아가는 내 온몸이 그리스도의 능력과
힘으로 혈액순환이 잘 되게 하여 주시옵소서.
내 모든 생체리듬이 아름다운 찬양의 소리가 되는 건강한
모습이 되게 하여 주시옵소서.
하나님의 나라와 의를 위하여 찬양하는 생체리듬이 되게
하여 주시옵소서.

내 모든 면역이 완성되게 하여 주시옵소서.
복음이 땅끝까지 퍼져나가듯 온몸에 구석구석 보혈이 퍼지게
하여 주시옵소서.
더 건강하고 더 활동적으로 생기 있게 살기를 원합니다.
그리하여 내 배에서 성령께서 주시는 생수의 강이
흘러넘치게 하여 주시옵소서.
모든 질병의 세력들이 생수의 강에 빠져 열 길로 흩어지게
하여 주시옵소서.
모든 질병의 세력들이 성령의 불칼 앞에 벌벌 떨게 하여
주시옵소서.
보혈의 권세 앞에서 질병의 영들이 견딜 수가 없습니다.

_____병이 못 버텨서 질병의 보따리를 싸서 나가게 하여
주시옵소서.

_____병이 견딜 수 없어서 두 손 들고 떠나가게 하여
주시옵소서.

_____병이 버틸 수 없어서 두 발 들고 달아나게 하여
주시옵소서.

_____통증이 못 견뎌서 통증의 짐을 싸서 나가게 하여
주시옵소서.

질병의 보따리들아 성령의 불로 모조리 태워져서 도망가다
소멸될지어다.

통증의 보따리들아 한 움큼의 짐보따리를 싸서
떠나갈지어다.

모든 질병의 영들이 보혈의 권세와 성령의 뜨거움으로
녹아질지어다.

질고의 보따리를 급히 안고 지금 즉시 사라지게 하여
주시옵소서.

질병의 영들이 보혈의 권세로 제단 앞에서 무너지게 하여
주시옵소서.

깨지고 부서지게 하여 주시옵소서.

묶였던 모든 질병이 풀어지고 해결될지어다.

내 아픈 것이 다 치유되어 하나님과 더 친밀한 교제가 되기를 원합니다.

건강한 자로 세워 주시고 튼튼한 자로 서게 하여 주시옵소서.

지금의 약함이 건강하고 튼튼한 강함이 되기 위한 연단의 과정임을 믿습니다.

예수 그리스도의 이름으로 명하노니 내 _____통증은 온데간데없이 사라질지어다.

예수 그리스도 이름으로 명하노니 내 _____병은 언제 그랬냐는 듯이 깨끗이 치유될지어다.

자고 일어나면 하룻밤 꿈처럼 다 없어지고 사라질지어다.

자고 일어나면 다 치료되어 있을지어다.

자고 일어나면 다 회복되어 있을지어다.

힘없게 만드는 빈혈도 그리스도의 보혈을 수혈받아 완전하게 나을지어다.

정상대로 회복될지어다.

정상보다 더 크게 회복될지어다.

온전하고 완전하게 회복될지어다.

하! 하! 하! 크게 웃으며 질병에서 승리하고 예수님의 이름으로 이기고 이길지어다.

아픈 그 자리에서 박차고 일어나 힘차게 뛰어나갈지어다.
나의 등 뒤에서 나를 밀어주시는 예수님의 사랑을
기억할지어다.
나약한 자리를 털고 일어나 예수님의 이름으로 새 힘 받아
힘차게 나갈지어다.

내 마디와 관절과 모든 근육들 위에 하늘에서 임하는 새 힘을
얻어 독수리 날개 치듯 힘차게 올라갈지어다.
건강하고 힘찬 걸음이 되게 하여 주시옵소서.
힘 있는 하루가 되게 하여 주시옵소서.
달려도 달려도 피곤치 않고 곤비치 않는 체력을 주시옵소서.
몸이 안 좋은 틈을 타고 들어온 우울의 영도 한 걸음으로
왔다가 열 걸음으로 떠나가게 하여 주시옵소서.

모든 질병으로부터 자유하게 하여 주시옵소서.
예수님의 이름으로 명하노니 모든 질병에서 자유하라.
성령의 능력으로 명하노니 모든 고통에서 자유할지어다.
풀어지고 세워지고 온전하여질지어다.
하나님이 나를 지키시니 악한 자가 만지지도 못하게 하여
주시옵소서.

악한 영이 나를 쳐다보지도 못하고 황급히 떠나가게 만들어
주시옵소서.

성령의 화염검이 나를 지키고 있으니 악한 영이 쳐다보지도
못하게 하여 주시옵소서.

하나님이 나에게 주신 복음의 사명을 온전히 이루기 위해
튼튼하고 건강한 몸이 필요합니다.

주의 나라를 이루고 주의 복음을 이루며 살기를 원합니다.

주님이 다시 오시기 전에 세례요한의 직분을 받아 외치는
자의 기도 소리를 들어 주시옵소서.

성령의 강력한 기름부음이 내 아픈 부위에 임하게 될지어다.

성령의 뜨거운 기름부음이 내 배와 아픈 곳에 임하게 하여
주시옵소서.

흘러내리는 보혈의 피가 내 통증과 약한 곳에 채워지게 하여
주시옵소서.

보혈의 기름부음이 내 아픈 부위를 정확히 찾아내어 즉시
치유되게 하여 주시옵소서.

보혈의 영광이 충만하게 하여 주시옵소서.

성령의 영광이 빛 가운데 치유의 광선으로 비춰주시옵소서.

말씀의 능력이 치유의 빛으로 임하여 주시옵소서.

임할지어다. 임할지어다. 임하게 될지어다.

정상대로 회복되고 회복되고 회복될지어다.

원래대로 치유되고 치유되고 치유될지어다.

가장 좋은 때로 돌려놓고 더 건강할지어다.

가장 좋은 때보다 더 강하고 강하고 강해질지어다.

가장 좋은 때보다 더 튼튼하고 튼튼하고 튼튼해질지어다.

창조주 예수님이 명령한다.

치유될지어다.

회복될지어다.

강해질지어다.

강건하여질지어다.

내 영혼이 범사에 잘됨같이 내가 범사에 잘되고 강건하기를 주님이 원하고 계십니다.

튼튼해질지어다.

하나님의 힘과 생기가 내 모든 근육에 임하여 힘차게 살기를 원합니다.

하나님의 힘과 생기가 내 불안장애와 건강염려증에 임하게 하여 주시옵소서.

모든 불안과 염려의 영이 무저갱 저 밑바닥으로 던져지게 하여 주시옵소서.

성령님의 힘과 능력이 내 소화기관에 임하기를 원합니다.

성령님의 힘과 권세가 내 _____에 임하기를 원합니다.

예수님의 기적과 능력이 내 _____통증에 임하게 하여
주시옵소서.

예수님의 기적이 내 _____병에 임하게 하여 주시옵소서.

예수님의 보혈치료가 내 겉사람에 임하고 임하여
주시옵소서.

아버지의 성령치료가 내 속사람에 임하고 임하여
주시옵소서.

모든 더러운 질병의 세포들이 예수님의 보혈로 사라지게
하여 주시옵소서.

모든 더러운 질병의 세포들이 성령의 불로 태워지게 하여
주시옵소서.

질병을 일으키는 모든 것들이 성령의 불로 흔적도 없이
사라지게 하여 주시옵소서.

예수님의 보혈이 임하여 질병에서 자유해지고 성령의 능력이
임하여 모든 질병에서 깨끗이 나음을 입게 하여 주시옵소서.

예수 그리스도의 이름으로 명하노니 모든 질병들아
사라져라! 사라져라! 사라질지어다!

예수 그리스도의 이름으로 명하노니 모든 통증들아

없어져라! 없어져라! 없어질지어다!

예수 그리스도의 이름으로 명하노니 모든 고통들아

소멸되고 소멸되고 소멸될지어다.

이 시간 믿음으로 선포할 때 질병의 세력들이 다 떠나가고

깨끗이 치유함을 받게 될지어다.

즉시 치유함을 받을지어다.

항상 건강함을 유지할지어다.

범사에 강건하고 강건할지어다.

모든 질병과 통증은 사라지고 없어지고 소멸될지어다.

예수님의 이름을 힘입어 강력하게 대응하고 선포한다.

성령의 능력을 덧입어 질병을 일으키는 불법에 대적하고

선포한다.

질병의 마귀를 예수님의 이름으로 대적한다.

떠나가라! 사라져라! 없어져라!

소멸되라! 진멸되라! 전멸되라!

너희 질병의 영들은 불법의 영인 것을 알고 있다.

불법의 영은 보혈의 칼로 베어질지어다.

불법의 영은 성령의 검으로 없어질지어다.

질병의 영은 말씀의 칼로 산산조각 날지어다.

지금 즉시 떠나갈지어다.

나를 아프게 하는 모든 질병들 위에 예수님의 보혈을 뿌리고 바르고 덮어버리노라.

견딜 수 없거든 지금 즉시 떠나갈지어다.

버틸 수 없거든 지금 즉시 도망갈지어다.

살아남을 수 없거든 영원히 떠나갈지어다.

예수님의 이름으로 명하노니 다시는 아픈 질병을 가져오지 말지어다.

내 질병과 아픈 것을 가지고 영원히 떠나갈지어다.

예수님의 보혈! 예수님의 보혈! 예수님의 보혈!

모든 질병 세력들 위에 예수님의 보혈이 뿌려지고 덮어지게 하여 주시옵소서.

사랑의 보혈로 덮어버리게 하여 주시옵소서.

질병의 영들이 죽을 맛을 느끼게 하여 주시옵소서.

도망가지 않고서는 도저히 견딜 수 없게 하여 주시옵소서.

보혈 보혈 보혈 보혈의 능력을 믿습니다.

예수님이 질병의 채찍에 맞으므로 나의 아픈 몸이 완전히 나음을 입었습니다.

주님이 채찍에 맞으므로 내 모든 질병으로부터 나음을 얻게 되었습니다. 아멘. 아멘. 아멘.

예수님이 나의 질고를 당하시고 그 질고를 다
가져가셨습니다. 아멘.
예수님이 내 질병의 고통을 십자가에서 이미 해결해
놓으셨습니다. 아멘.
나를 위한 십자가의 사건을 믿습니다. 믿습니다. 믿습니다.
아멘. 아멘. 아멘.
예수님은 아버지께서 기뻐하시는 뜻을 성취하셨습니다.
예수님은 제가 기뻐하는 건강을 회복해 주셨습니다.
내 모든 질병의 문제를 예수님이 완전히 해결해 주셨음을
선포합니다.
내 마음을 담고 내 눈물을 담아 기도하니 치유의 능력이
넘치게 임합니다.

치유의 능력이 흔들어 넘치게 임하고 있습니다.
예수님의 상함이 있으므로 내 건강이 온전해졌음을
믿습니다.
예수님의 상함이 있으므로 내 마음이 온전해졌음을
믿습니다.
주님은 내 모든 질병과 모든 고통을 친히 담당하시고
십자가에서 이미 해결해 주셨습니다.

저는 그저 믿기만 하면 모든 것을 다 누리고 취할 수 있음을
믿습니다.
예수님이 내 질고를 다 지고 가셨습니다.
예수님이 내 슬픔을 다 가져가셨고 내 고통을 대신
당하셨습니다.
그래서 나는 질병에서 해방되고 고통에서 자유함을
얻었습니다.
내 아픔과 고통이 하나님께 더 가까이 나아갈 수 있는 감사가
되게 하여 주시옵소서.
내 고난이 하나님을 찬양하는 영원한 영광이 되게 하여
주시옵소서.
질고의 고난이 영의 유익이 되는 예배가 되기를 원합니다.
몸이 아프면서도 끝까지 주의 일에 충성을 다한 것을 기억해
주시고 주님이 오실 때까지 하나님의 합당한 자로 살게 하여
주시옵소서.

내 눈물을 담아 간절히 기도합니다.
내 마음을 담아 간곡히 기도합니다.
고난을 통해 하나님을 더 아름답게 체험하고 하늘의 존영을
가지고 살게 하여 주시옵소서.
주님과 함께한 내 고난의 모습들이 천국집의 장식과 조각이

되게 하여 주시고 아름다운 흔적이 되게 하여 주시옵소서.
그리스도의 흔적이 되어 영원하고 영원한 나라에서 다시
되찾게 하여 주시옵소서.
고난이 있어야 하늘에 영광도 있습니다.

고난이 있어야 예비 된 면류관을 받을 수 있음을 믿습니다.
고난 속에 영광이 있습니다.
고난 속에 상급이 있습니다.
고난 속에 존귀와 생명이 있습니다.
기도를 계속하여 쉬지 않는 등불이 되게 하여 주시고
고난으로 받게 될 준비된 면류관을 받게 하여 주시옵소서.
맹렬히 타오르는 질고의 풀무불 가운데에서도 능히 건져내실
주 하나님을 찬양합니다.
고난으로 무겁게 시작된 좁은 길이 주의 은혜로 향기로운
번제 가운데 마치게 하여 주시옵소서.
하나님께서 내 고난과 함께 시작하셨으니 이제는 하나님께서
기쁨의 열매 가운데 함께 끝마쳐 주시옵소서.
내 마음에 있는 복음의 소원을 건강의 회복과 함께 응답해
주시옵소서.
나는 못하오나 하나님은 능히 가능하심을 믿습니다.

고난을 이기면 하늘의 큰 칭찬이 크게 한 번 있지만 고난을
동행하는 친구로 만들어 놓으면 하늘에서는 끝없는 칭찬이
있음을 믿습니다.
내 질병을 우리 주님께 내어 드립니다.
지금 즉시 다 내어 드리오니 내 질병의 염려를 모두 가져가
주시옵소서.
내 고난을 가져가시고 주의 뜻을 복음으로 이루어
주시옵소서.
그리하여 나는 건강을 누리고 나음 받게 될 수 있음을
믿습니다.
예수님의 보혈이 나를 강건하게 하셨습니다.
성령님의 힘과 생기가 나를 건강하게 하셨습니다.
예수님과 성령의 능력으로 내 모든 문제가 다 해결되었음을
선포합니다.

선포합니다. 선포합니다. 선~~~~~포 합니다 !
선포의 능력은 예수님이 주시는 입술의 권세임을 믿습니다.
믿습니다. 믿습니다. 믿습니다.
예수님의 이름과 성령의 능력으로 선포하는 즉시
해결되었음을 믿습니다.
해결된 것이 믿어집니다.

모든 질병의 영이 물러가고 떠나갔음을 선포합니다.

내 허리는 복음을 전하기 위한 허리입니다.

내 무릎은 복음을 증거하기 위한 무릎입니다.

내 가슴은 복음을 품기 위한 사랑입니다.

나의 배는 복음을 위해 힘을 만들어 주는 소화기관입니다.

그러므로 내 건강을 위하여 기도하는 것은 그의 나라와 의를
위하여 간구하는 영의 기도임을 믿습니다.

영의 기도는 하나도 땅에 떨어지지 않고 보좌의 제단에
그대로 상달 됩니다.

내 혈관에 있는 주님의 피가 흐르는 생명이 되었음을
믿습니다.

내 혈관에 보혈의 피가 흘러넘쳐 _____병이 치유되었음을
선포합니다.

나는 천국의 삶을 증거 하는 삶으로 건강한 예배자가 될 수
있음을 믿습니다.

하나님을 진정으로 예배하는 삶의 예배자로 살게 하여
주시옵소서.

이 시간 _____의 질병은 예수님의 이름으로 깨끗이 치유
받았음을 고백합니다.

내 몸에 있는 모든 질병의 영이 떠나갔음을 선포합니다.

성령의 불이 나의 배에 임하셨으므로 성령께서 치유의 빛을 비춰주셨습니다.

그리하여 내과질환에 숨어있는 모든 질병의 영들이 사라졌습니다.

온데간데없이 말끔히 없어졌습니다.

믿고 선포한 대로 이루어 주셔서 세상에서 맛볼 수 없는 가장 최고의 기쁨과 거룩한 영광을 내려 주시옵소서.

나를 괴롭히는 모든 질병들이 지금 이 시간 완전히 사라지고 없어졌음을 믿습니다.

기뻐하며 선포합니다.

묶였던 견고한 질병의 영들아 보혈의 권세로 다 무너질지어다.

질고의 고통들이 풀어지고 해결될지어다.

예수 그리스도의 이름으로 명하노니 내 모든 관절에 힘이 생길지어다.

예수 그리스도의 이름으로 명하노니 내 모든 근육에 성령의 능력으로 힘이 생길지어다.

예수 그리스도의 이름으로 명하노니 내 온 몸에 피는 잘 순환되어 강건하고 강건해질지어다.

하나님이 주시는 힘을 받아 내 겉사람이 더욱 튼튼해져서 걸어도 지치지 않고 달려가도 곤비치 않게 하여 주시옵소서.
힘을 주시고 생기를 주시며 나를 소생케 만드시는 분은 오직
여호와 하나님이심을 믿고 고백합니다.
고백한대로 선포한대로 예수 그리스도 안에서 그대로
이루어지게 하여 주시옵소서.

예수님의 이름을 의지하여 사랑과 믿음을 담아 통성으로
외쳐 기도합니다.
나를 고통스럽게 하는 모든 질병들이 지금 이 시간 온전히
소멸되고 전멸되었음을 믿습니다.
이 모든 표적기도를 성령의 능력과 보혈의 권세를 힘입어
예수님의 이름으로 간절히 간절히 기도합니다. 아멘. 아멘.
아멘.

내 모든 계명을 지키면 모든 질병 중 하나도 너희에게 내리지 아니하리니
나는 너희를 치료하는 여호와임이라 출15:26

여호와를 대적하는 자는
산산이 깨어질 것이라 하늘에서 우레로 그들을 치시리로다
여호와께서 땅 끝까지 심판을 내리시고 자기 왕에게 힘을 주시며
자기의 기름 부음을 받은 자의 뿔을 높이시리로다 하니라

_____

[사무엘상 2:10]

4부

상급과 치유의 기름

4부 기도

질고의 고난을 상급으로 바꾸는 치유기도

그는 멸시를 받아 사람들에게 버림 받았으며 간고를 많이 겪었으며 질고를
아는 자라 그는 실로 우리의 질고를 지고 우리의 슬픔을 당하였거늘

사 53:3-4

성령의 불이 나에게 임하여 주시옵소서.
성령의 불이 불이 불이 불이 불이 나에게 임합니다.
성령을 믿음으로 마십니다.
생명수가 되게 하여 주시옵소서.
성령을 성령을 간구합니다.
성령의 불로 불로 불로 불로 불로 임재해 주시옵소서.
성령의 불이 불이 불이 불이 불이 임하여 주시옵소서.
성령을 성령을 믿음으로 마십니다.
생명수가 되게 하여 주시옵소서.
믿음으로 믿음으로 간구합니다.

예수님의 보혈을 나에게 뿌리고 바릅니다.
예수님의 피뿌림이 임하게 하여 주시옵소서.
예수님의 보혈을 나에게 뿌리고 바르고 덮습니다.

보혈 보혈 보혈 보혈이 임하기를 원합니다.

보혈의 능력이 생수가 되게 하여 주시옵소서.

보혈을 간구합니다.

예수님의 보혈을 믿음으로 마십니다.

예수님의 피를 내 영이 먹게 하여 주시옵소서.

예수님의 피와 살을 먹는 자마다 영원한 생명이 되게 하여
주시옵소서.

예수님의 피가 나의 생수가 되고 예수님의 살이 나의 양식이
되기를 간구합니다.

주 뜻대로 이루어 주시옵소서.

말씀이 내 입술의 고백을 통해 역사하여 주시옵소서.

예수님이 나타나신 것은 마귀의 일을 멸하러 오셨음을 믿고
선포합니다. 아멘.

하나님께 속한 자는 성령의 권세로 기도할 수 있음을
믿습니다.

하늘로부터 소리가 있어 말씀하시되 "내가 너를 사랑하노라"
"내가 너를 기뻐하노라" 말씀하여 주시옵소서.

서로 사랑하여 하나님께 속한 자로 살기를 원합니다.

나에게 성령과 능력을 부어주셔서 마귀에게 눌린 모든
질병을 고쳐 주시옵소서.

사탄아 여호와께서 너를 책망하노라.

질병의 고통들아 여호와께서 너를 책망하노라.

내 안에 있는 교만아 여호와께서 너를 책망하노라.

내 속에 이기심아 여호와께서 너를 책망하노라.

슬픔의 감정들아 여호와께서 너희를 책망하노라.

질병으로 인한 좌절과 실망들아 여호와께서 너희를
책망하노라.

내 주변에 있는 고통의 영들아 여호와께서 너희를
책망하노라.

내 삶을 방해하는 악한 영들아 여호와께서 너희를 꾸짖노라.

여호와께서 명령하사 내 더러운 옷을 벗기시고 내 죄악을
제거하여 버려주시옵소서.

그런 후에 내게도 영광스러운 치유의 옷을 입혀 주시옵소서.

내 아픈 부위에 치유의 기름이 흘러 내리게 하여 주시옵소서.

눌려 있던 모든 것들이 떠나가고 하나님이 함께하셨음을
알게 하여 주시옵소서.

묶였던 모든 것들이 예수님의 이름으로 풀어지고
해결될지어다.

내 몸에 있는 질병의 영들은 성령의 불로 완전히

태워질지어다.

내 겉사람을 아프게 만들고 병들게 만든 절망의 영들아
예수님의 이름으로 떠나갈지어다.

성령님은 하나님의 영이시니 말씀이 선포될 때 그 말씀과
함께 성령의 운행하심이 있음을 믿습니다.

묶였던 질병의 문제가 예수님의 이름으로 풀어지고 해결되게
하여 주시옵소서.

묶였던 영권이 예수님의 이름으로 풀리고 자유하게 하여
주시옵소서.

묶였던 물질의 고난이 예수님의 이름으로 열리고
채워질지어다.

잘못 얽혔던 관계의 어려움이 예수님의 이름으로
해방될지어다.

잡혀 있던 모든 것들이 보혈의 권세로 자유해지는 능력을
주시옵소서.

묵혀있던 견고한 진들아 성령의 불권으로 완전히
태워질지어다.

묵혀있던 과거의 사건들아 보혈의 권세로 다 무너질지어다.

풀어지고 해결될지어다.

풀어지고 평안할지어다.

풀어지고 풀어지고 해결되고 해결될지어다.

예수님의 이름에는 모든 것이 풀어지고 해결되는 능력이
있음을 믿습니다.

묵었던 질병의 영들아 보혈의 권세로 명하노니 완전히
떠나갈지어다.

말씀의 칼로 질병의 포박을 끊어 버리게 하여 주시옵소서.

내 모든 질고의 포박들아 예수님의 이름으로
무력화될지어다.

질병의 결박을 성령의 검으로 제거해 주시옵소서.

질병이 주는 멍에의 줄을 말씀의 손으로 풀어 주시옵소서.

질병과 고통의 압제에서 나를 자유하게 하여 주시옵소서.

질고의 모든 멍에를 꺾어 주시옵소서.

주님이 내 질병과 상처를 싸매시고 안으시고 회복하게 하여
주시옵소서.

저는 못하나 하나님은 모든 것이 가능함을 믿습니다.

예수님의 이름을 힘입어 고통의 억압으로부터 벗어나게 하여
주시옵소서.

나를 만들고 나를 택하여 주신 하나님이 계시니 두려워하지
않겠습니다.

내가 여호와께 속하였음을 나의 손으로 기록하고 그리스도의

신부된 이름으로 존귀히 여김을 받게 하여 주시옵소서.
사랑하는 예수님 때문에 세상 이름이 없어져도 감사할
것입니다.
그렇기 때문에 예수님으로 인해 세상 욕심이 사라져도
기뻐할 것입니다.
예수님 때문에 세상 쾌락이 싫어져도 만족하고 주님을
따르겠습니다.
예수님으로 인해 세상 성공이 밀려나고 천국이 내 안에
들어왔습니다.
예수님으로 인해 세상 인정이 없어지고 그의 나라와 의를
소망하게 되었습니다.

말씀 때문에 목 베임을 당한 자들의 영혼이 그리스도와
더불어 천 년 동안 왕 노릇 할 때 나를 기억하여 주시옵소서.
내 삶의 고난과 머리에 씌워진 가시관이 영광의 면류관이
되게 하여 주시옵소서.
주님의 보좌로부터 나오는 생명수를 내 영혼이 먹고 치유의
시작이 되게 하여 주시옵소서.
"내가 너희를 쉬게 하리라" 약속하신 말씀을 이루어 주시기를
간구합니다.

주님께서 친히 나의 질병이 있는 곳에 가셔서 그 손을
얹으시고 싸매시며 치유의 손으로 만져 주시옵소서.
모든 일을 하나님의 결정대로 일하여 주시옵소서.
지치고 상한 마음을 하나님이 만져 주시고 온전하지 못한 내
몸을 주께서 치유의 손으로 임하여 주시옵소서.
치유된 내 마음이 쇠 같이 단단하게 하여 주시옵소서.
기쁨이 넘침으로 기쁨의 기름이 내 아픈 곳을 치유하는
능력이 되게 하여 주시옵소서.
질병에 억눌린 나를 건져 주시고 깊은 시름이 더 깊은 기도를
하게 만드는 소망이 되게 하여 주시옵소서.
성령으로 기도하는 시간이 치유하는 생명의 시간임을
믿습니다.

말씀으로 간구하는 시간이 치유의 불이 임하는 기적의
시간임을 믿습니다.
내가 내 질병을 주께 의뢰하고 내 하나님을 의지하여 질병의
담을 뛰어넘기를 원합니다.
주님이 주신 믿음으로 질고의 고난을 거뜬하게 뛰어넘기를
간구합니다.
울며 기도의 씨를 뿌리는 나를 기억해 주셔서 반드시
기쁨으로 치유의 단을 거둘 수 있게 하여 주시옵소서.

예수님이 내 질병의 죄를 지고 십자가에서 소멸하여
주시옵소서.
하나님의 소리가 내 머리부터 발끝까지 이르게 하여 주셔서
모든 질고들이 남김없이 사라지게 하여 주시옵소서.
살아있고 생명력 있는 말씀이 내 온몸 끝까지 이르게 하여
주시옵소서.
이제 말씀이 없으면 나도 없습니다.
성령께서 내 안에 계시지 않으면 저는 아무것도 아닌
존재입니다.

질병이 없었으면 하나님께 더욱 집중하지 못했을 것입니다.
이 질병이 하나님과 나를 가깝게 만들어 주었으니
질병만으로도 우리 주 하나님께 감사를 드립니다.
질병이 하나님과 나를 동행하게 만들어 주었으니 이
질병을 주님이 거두어 가실지라도 주님과의 동행은 계속될
것입니다.
하나님의 우레 같은 말씀이 질병의 견고한 진을 무너뜨려
주시옵소서.
하나님의 번개 같은 말씀이 아픈 부위에 치유의 광선으로
임하여 주시옵소서.

그리하여 질병의 영들을 흩어 버리시고 말씀의 능력으로 깨뜨려 주시옵소서.

번쩍이는 하나님의 말씀의 칼이 내 아픈 부위에 임하시어 능력 가운데 도려내어 주시옵소서.

주의 표적화살이 내 아픈 곳에 정확하게 꽂혀서 질병의 진을 파하게 하여 주시옵소서.

말씀이 병들고 지친 내 몸에 임하셔서 치유의 길을 내어 주시옵소서.

비록 고통 중에 있을지라도 치유의 복을 먼저 갖는 것보다 나의 주 예수님을 먼저 섬기기를 간구합니다.

오늘도 기도로 승리의 씨앗을 뿌리고 믿음으로 형통의 씨를 뿌려서 기쁨으로 감사의 단을 거두게 하여 주시옵소서.

질병조차 감사하는 마음을 주셔서 회개에 이르게 하여 주시고 그로 인해 내 영혼이 감사하는 풍요로움을 누릴 수 있게 하여 주시옵소서.

불평할 수밖에 없는 환경 속에서도 감사할 수 있는 믿음을 주시옵소서.

원망과 불평을 감사하는 마음으로 바꾸어 내는 그리스도의 신부로 살기를 원합니다.

주님이 허락하신 고난을 누리게 하여 주시옵소서.

내 죄로 만들어진 고난이라면 주님이 힘을 주시고 보혈의
권세로 이길 수 있는 능력을 주시옵소서.
주님이 주신 환난을 넉넉히 통과하기를 원합니다.
질병을 통한 큰 감사로 주님이 주신 동산의 샘물을 취하고
생수의 우물을 얻어 내 영혼이 즐거이 찬양하는 은혜를 내려
주시옵소서.
여호와께서는 나를 지키시는 자이시니 질병으로 지쳐있는
나에게 쉼을 얻는 그늘이 되게 하여 주시옵소서.
내 질병의 광야에서 주님께서 새 일을 행하여 주시옵소서.
내 질병을 통하여 주님의 뜻을 이루시고 살아계신 하나님을
나타내 주시옵소서.

주님이 주신 치유의 지팡이를 질병의 바다를 향하여
명하셨을 때 질병의 바다를 가르사 나로 질병의 고난에서
건강한 땅으로 출애굽 하게 도와주시옵소서.
하나님이 주신 능력으로 한 걸음도 뒷걸음치지 않기를
원합니다.
그리스도 안에서 포기하지 않고 성령 안에서 쉬지도 않고
끝까지 내 전부를 걸게 하여 주시옵소서.
주께서 주시는 능력과 권능을 허락하여 주시옵소서.

나를 주께 드려서 하나님 앞에 죄가 되는 모든 것들을
내어드리게 하여 주시옵소서.
내 힘으로 내려놓지 않고 하나님이 내려놓게 만들어
주시옵소서.
내가 하는 것이 아니라 주님이 해주셔야 온전하고
온전해집니다.
불완전한 나를 거두어 주시고 완전하신 하나님의 사랑으로
채워주시옵소서.

나는 주님을 믿고 말씀을 선포합니다.
내가 소리 높여 선포합니다.
하나님은 고치시는 분이시고 새롭게 창조하시는 나의
주님이십니다.
주님을 신뢰하고 선포하여 행동하기만 하면 모든 말씀의
뜻을 이루어 주실 것을 믿습니다.
내 질병의 인생을 주님의 손으로 끝나게 하실 것입니다.
내 가난한 인생을 여호와의 손으로 마치게 하실 것입니다.
하나님의 약속은 얼마든지 그리스도 안에서 질병을 치유해
주실 것이니 그런즉 저는 아멘하여 하나님께서 이 질병을
치료해 줄 것을 믿고 영광을 돌리겠습니다.
지금 즉시 성령의 능력으로 치유의 기름을 부어 주시옵소서.

성령의 힘으로 질병을 이기는 자가 되어 하늘의 것을
상속받게 하여 주시옵소서.
모든 눈물을 내 눈에서 닦아주시고 다시는 사망이 없고
애통하는 것이나 곡하는 것이나 아픈 것이 없는 천국을
소망합니다.
처음 것들이 다 지나간 천국에서 주님과 영원히 살 것을
사모합니다.
말씀을 지키려다가 손해를 본 것이 하늘에 큰 칭찬과 상급이
되게 하여 주시옵소서.
내가 상급 받을 때 하나님이 기뻐하실 것을 기억하고
살겠습니다.
질병의 감옥에 갇혀 있지 말고 나를 둘러싼 악한 진들을
깨부수고 나오게 하여 주시옵소서.

깨어 있는 중에도 더 깨어 있기를 원합니다.
내 몸이 살아나서 깨어나고 일어서게 하여 주시옵소서.
내 하나님 여호와여 원하건대 질병으로 인해 하나님 앞으로
더 가까이 가기를 원합니다.
아무도 알아주지 않아도 이름 없이 순종한 것을 기억하여
주시옵소서.

누구도 알아주는 이 없어도 골방에서 숨어 기도한 향연을
기억하여 주시옵소서.

빛도 없이 살아가는 나를 가장 사랑하시는 주님께서 나의
기도를 들어주시옵소서.

보혈의 권세로 내 영이 새로워졌으니 보혈 안에서 건강도
새로워지게 하여 주시옵소서.

주님께서 나의 아픈 부위에 손을 얹으시고 치유해 주실 것을
기대합니다.

내 질병을 치료해 주셔서 하나님의 영광을 보게 하여
주시옵소서.

하나님께서 나에게 상함 받게 하시기를 원하사 질고를
당하게 하셨음을 믿습니다.

질병 치유의 기름을 부어 주시옵소서.

예수 그리스도의 피로 명하고 명하노라.

질병의 영들은 이 시간 나에게서 영원히 떠나갈지어다.

예수 그리스도의 이름으로 명하노니 다시는 돌아오지
못할지어다.

이 기도를 하옵는 것은 나를 위함이니 질병의 구덩이에서
주님의 피 묻은 손으로 건져 주시옵소서.

예수님이 큰 소리로 나사로야 나오라고 부르신 것처럼

예수님이 큰 소리로 _____ 아/야 질병의 구덩이에서
나오라고 말씀해 주시옵소서.
성령의 음성으로 질병의 진을 무너뜨려 주시옵소서.
번개와 우렛소리 같은 음성으로 질병의 진을 파쇄하여
주시옵소서.
질병을 묶고 있는 모든 악한 영들이 한 길로 왔다가 열 길로
흩어지게 하여 주시옵소서.
절망이 떠나가고 우울이 떠나가고 질병으로 지치게 만든
낙심의 영이 떠나가게 하여 주시옵소서.
예수님의 이름으로 명하노니 위장, 심장, 폐, 간, 신장,
내장기관에 있는 모든 염증은 다 사라지고 모든 세포들은
깨끗하게 회복될지어다.
내 배에 강력한 성령의 치유빛을 비춰주시옵소서.
믿음으로 손을 얹은즉 아픈 곳이 다 치료되게 하여
주시옵소서.
하나님께서 강력하게 만져 주시옵소서.

나에게 있는 모든 질병이 떠나가게 하여 주시옵소서.
깨끗하게 치유 받아 하나님을 찬양하게 하여 주시옵소서.
성령님이 임재해 주셔서 치유의 손길로 만져 주시옵소서.
사랑의 손길이 느껴지게 하여 주시옵소서.

치유의 손길이 느껴지게 하여 주시옵소서.

능력의 손길이 느껴지기를 원합니다.

성령님이 나의 건강을 다스려 주시옵소서.

예수님이 나의 건강을 통치해 주시옵소서.

주님의 손길로 만지시고 다스리고 치유해 주시옵소서.

믿음이 치유의 능력으로 나타나기를 간구합니다.

선포가 치유의 권능으로 나타나기를 간구합니다.

심령 깊은 곳에서 치유 받은 믿음이 흘러넘치게 하여
주시옵소서.

죽어 있는 세포가 보혈의 힘으로 살아있는 세포로 바뀌게 해
주시옵소서.

기능을 잃어버린 소화기관이 성령의 힘으로 원래의 기능을
되찾게 하여 주시옵소서.

예수님 안에서 건강을 되찾고 웃음을 되찾고 기쁨과 감사를
되찾게 하여 주시옵소서.

소화가 안 되는 곳이 보혈의 힘으로 뚫리게 하여 주시옵소서.

굳어 있는 위장이 성령의 힘으로 풀어지고 힘차게 운동하게
도와주시옵소서.

막혔던 것이 뚫리게 하여 주시고 굳었던 것이 풀려지기를
원합니다.

두 다리에 힘을 주셔서 힘 있게 걷게 하여 주시고 머리를
맑게 해 주셔서 영의 생각이 끊이지 않게 해주시옵소서.
나의 모든 염증은 흔적도 없이 사라질지어다.
나의 모든 질병은 남김없이 소멸될지어다.
사라지고 사라지고 사라질지어다.
깨끗하고 깨끗하고 깨끗해질지어다.
흠 없고 점 없는 어린양 같은 예수님의 보혈로 치유해
주시옵소서.
예수님의 능력은 질병을 사라지게도 하시고 질병을
소멸하게도 하십니다.
예수님은 질병을 파괴하며 진멸하시는 능력이 있습니다.
하나님은 전염병을 보내기도 하시고 전염병을 거두시기도
하십니다.

내가 죄 앞에 엎드러지지 않을 것인즉 죄의 질병은 거두시고
떠나가야 마땅합니다.
주께서 나의 상한 곳을 싸매주시고 성령의 손으로 고쳐
주시옵소서.
상심한 마음을 고치시고 모든 아픈 상처를 싸매주시옵소서.
발바닥에서 머리까지 온전하게 치유하여 주시옵소서.
상하고 터진 곳을 주의 손으로 만져 주시옵소서.

성령의 기름으로 부드럽게 하여 주시옵소서.

질병으로 맞은 위장과 허리를 사랑의 손으로 감싸
주시옵소서.

달빛이 햇빛이 될 만큼 더 강력하게 치유해 주시옵소서.

일곱 날의 빛같이 완전하게 회복시켜 주시옵소서.

연약한 것에서 강하게 하여 주시고 잃어버린 건강을 되찾게
하여 주시옵소서.

아픈 것에 쫓기지 않게 하여 주시옵소서.

내 질병으로 인해 찾아오시는 주님 만나기를 소망합니다.

주님이 만지신 손자국마다 핏물이 되어 치유된 곳에서
보혈의 살이 돋아나게 하여 주시옵소서.

고난을 뚫고 갈 때 기도의 능력이 더해짐을 믿습니다.

고난을 뚫고 갈 때 믿음이 더해지고 소망이 강해지며 사랑의
능력이 더해짐을 믿습니다.

고난이 있어야 주님의 능력이 내 것이 됨을 믿습니다.

주님의 말씀에 순종하여 고난을 두려워하지 않겠습니다.

요셉이 감옥에 들어가야만 총리가 되어 새로워진 것처럼
날마다 자기를 부인하는 감옥에 들어가게 하여 주시옵소서.

하나님이 주시는 말씀을 가지고 사는 삶이 되게 하여
주시옵소서.

질병이 떠나간 그 자리에 보혈의 꽃이 피어나게 하여
주시옵소서.
나의 부족함이 주님의 채워짐이 되기를 원합니다.
나의 연약함이 주님의 강해짐이 되기를 간구합니다.
치유의 문을 열어주셔서 성령의 임재 가운데 회복되게 하여
주시옵소서.
나의 약함이 성령의 강함으로 나타나기를 원합니다.
질병으로 낙심하게 만드는 모든 어두운 영들이 예수님의
이름으로 떠나가게 하여 주시옵소서.
내 위장, 심장, 폐, 간, 신장, 내장기관에 있는 모든 세포들은
예수님의 이름으로 명하노니 깨끗하게 회복될지어다.
온전하게 나아질지어다.
완전하게 새 살로 돋아날지어다.
생기 있게 다시 새로워질지어다.

치유의 광선이 나의 질병을 관통할 때 하늘의 기적이
일어나게 하여 주시옵소서.
다시 힘 있게 하시고 다시 기능하게 하여 주시옵소서.
치유의 권능이 부어지기를 원하고 원합니다.
하나님의 영으로 아픈 부위에 임하사 치유의 역사가
일어나게 하여 주시옵소서.

혼이 영향을 받는 것이 아니라 영이 영향을 받고 살게 하여
주시옵소서.

육이 영향을 받는 것이 아니라 의에 영향을 받고 살게 하여
주시옵소서.

예수님은 십자가에서 이미 구원을 이루어 놓으셨습니다.

내 모든 연약함과 질고를 이미 십자가에서 치유해 주셨음을
믿습니다.

그러므로 지금 믿는 순간 치유의 역사가 즉시 임하게 될 줄로
믿습니다.

마음으로 믿고 고백합니다.

주님이 주신 치유는 내 것입니다.

주님은 내 연약한 것을 친히 담당하셨고 내 몸과 마음의 병을
짊어지셨습니다.

십자가에서 나의 연약함과 질고를 지고 가신 예수님을
사랑합니다.

내 질병을 고쳐 주시기 위해 주님이 채찍에 맞으셨고 내가
나음을 입었습니다.

하나님의 뜻은 확실합니다.

주님이 내 치료를 위한 모든 것을 십자가에서 이미 이루어

놓으셨음을 믿습니다.

치유기도는 말씀을 마음으로 믿고 입으로 고백하는 순간
이루어짐을 믿습니다.

회개의 치유로 내 영혼의 질병을 치유해 주시고 영의
회복으로 육의 질병도 낫게 하여 주시옵소서.

원망하려는 말을 하지 못해 받은 입술의 고난이 하늘에서
받게 될 영광의 상급이 되게 하여 주시옵소서.

내 마음대로 하지 못해 받은 마음의 고난을 주님께 올려
드리오니 하늘에서 받게 될 칭찬이 되기를 원합니다.

지금 간구하는 믿음의 기도가 주님이 예비해 주신 기회임을
믿습니다.

고난의 벼랑 끝에서도 주님만 바라보는 굳건한 믿음을
주시옵소서.

손해를 두려워하지 않는 그리스도의 신부로 살기를
원합니다.

지금 있는 근심과 슬픔의 날이 하늘에서는 기쁨과 감격하는
날로 바꿔 주실 것을 믿습니다.

가장 천한 존재도 주님이 만지시면 가장 귀한 존재가 됨을
믿습니다.

나의 고난을 원망과 불평의 죄로 만든 것을 용서해

주시옵소서.

이 고난을 의의 벗으로 삼아 의의 열매를 맺게 하여
주시옵소서.

내 눈물의 고난이 영의 것이 되어 하늘에 상달 되기를
원합니다.

나로 인해 길어지는 고생은 돌이키고 회개하게 하옵시고
주님이 주시는 고난이 길어지면 상급 주실 것을 생각하여 더
큰 기쁨으로 받게 하여 주시옵소서.

고난 속에 갇히지 말고 고난 위에서 고난을 타고 나아가기를
원합니다.

고난의 팔복 문에서 아름다운 상급길이 되게 하여
주시옵소서.

하나님의 뜻대로 고난을 받아 내 자아는 죽고 우리 주님이
나타나게 하여 주시옵소서.

말씀을 붙잡고 입으로 고백하며 마음으로 믿을 때 치유가
일어납니다.

주님이 오신 것은 나에게 생명을 얻게 하고 더 풍성히 얻게
하려는 것임을 믿습니다.

질병은 죄에서 오지만 생명은 믿음에서 나옵니다.

믿음은 들음에서 나고 들음은 그리스도의 말씀에서 나오게

됨을 믿습니다.

내 건강을 훔치고 도둑질해간 악한 영들아 예수님의
이름으로 명하노니 내 건강을 다시 돌려놓을지어다.

다시는 내 앞에 질병을 가져오지 말지어다.

믿음으로 병 치유를 위하여 기도합니다.

오직 예수 그리스도의 이름으로 믿고 기도합니다.

예수님의 이름으로 명하노니 위장병아, 심장병아,
중증질환들아 나아질지어다.

성령의 불이 온몸에 임할지어다.

지금 성령님이 아픈 곳을 만지시고 있음을 믿습니다.

성령의 불이 나의 온몸에 임할지어다.

머리부터 발끝까지 성령의 불이 임할지어다.

예수 그리스도의 이름으로 자유하게 될지어다.

하나님의 말씀에는 권능이 있습니다.

하나님의 말씀에는 치유가 있습니다.

하나님의 말씀에는 권세가 있습니다.

하나님의 말씀에는 해방이 있습니다.

하나님의 말씀에는 자유함이 있습니다.

말씀이 곧 하나님이십니다.

말씀이 곧 예수님이십니다.

하나님의 말씀은 치유의 영이십니다.
오늘 나는 예수 그리스도의 이름으로 기도합니다.
관철하는 믿음을 주시옵소서.
사랑이 없는 사람에게 주님의 사랑을 주면 그것은 곧 복음이
됩니다.
나의 의가 벌레의 본능만 못하며 내 자랑의 연수가 풀잎
가지만 못함을 고백합니다.
세상에 내게 이익이 되는 가지를 많게 하여 그럴듯하게
수놓은 위선을 용서해 주시옵소서.
내가 만들어낸 교양을 신앙으로 포장하고 살아온 위선을
용서해 주시옵소서.
교회 봉사와 선교한 것이 자랑이 되어 자기의로
만들었습니다.

헌금과 기도와 직분을 자랑처럼 여기고 살아왔습니다.
내 감정이 틀어지고 상하게 되면 다 던져버리고 내 생각대로
말하고 행동한 죄를 지었습니다.
내가 나를 위해서 일하였고 회칠한 무덤으로 남을 속이며
살아온 죄를 용서해 주시옵소서.
이제부터는 내 자랑은 내려놓고 예수님을 자랑하고
살겠습니다.

섬기는 것이 본이 되지 못하고 인정과 칭찬과 감사를 원하고 살았습니다.
이제부터는 세상에서 주는 칭찬과 인정은 내려놓고 금식하기를 원합니다.
말을 금식하고 보는 것을 금식하고 듣는 것을 금식할수록 영의 것은 더 크고 충만하게 채워주시옵소서.
세상에서 크게 떠드는 소리를 접고 욕심의 소리를 접어서 더욱 주의 음성에 집중하고 살리는 소리가 내 입술에서 시작되기를 원합니다.

애굽의 소리가 뱀의 소리 같다면 세상의 소리는 마귀의 죄성 섞인 소리임을 인식하여 항상 듣는 것을 조심하게 도와주시옵소서.
내 생각을 접고 내 자아의 죄된 소리를 고이 접어서 우리 주님께 내어드립니다.
접어진 채로 하나님이 가져가시고 펴진 채로 하늘의 것으로 채워주시옵소서.
지금부터는 하나님의 목소리를 청종하겠습니다.
주님이 나의 하나님이 되어 주시고 내가 주의 자녀가 되게 하여 주시옵소서.
하나님이 명령한 길로 걸어가겠사오니 주께서 주시는 치유의 복을 받게 하여 주시옵소서.

하나님의 치료하심을 맛보아 알지어다.

나는 믿음으로 행할 것입니다.

나는 믿음으로 말할 것입니다.

나는 믿음으로 들을 것입니다.

나는 믿음으로 생각할 것입니다.

나는 믿음으로 계획할 것입니다.

명령을 따라 대언할 때 병들고 아픈 내 몸에서 살아나는
소리를 듣게 하여 주시옵소서.

하나님의 음성이 내 아픈 부위에 말씀의 송곳이 되어 박히게
하여 주시옵소서.

하나님의 소리가 내 병든 곳에 치유의 칼이 되어 도려내어
주시옵소서.

하늘과 땅을 진동하는 주의 음성으로 내 아픈 부위를 꾸짖어
주시옵소서.

주께서 꾸짖으시니 마귀는 망설임 없이 도망갑니다.

그러면 질병의 영들이 주를 두려워하여 벌벌 떨며 도망갈
것입니다.

도망간즉 즉시 치유될 것입니다.

사라진즉 즉시 회복될 것입니다.

나를 아프게 만들고 병들게 하는 질병의 영들아 예수
그리스도의 이름으로 꾸짖는다.
네가 가지고 있는 질병과 함께 저 무저갱 깊은 곳으로
떠나갈지어다.
예수님의 보혈의 권세와 성령님이 하시는 말씀으로 너희
질병의 영들을 꾸짖는다.
내 몸에서 나가!   지금 당장 떠나가!
질병의 냄새는 떠나가고 그리스도의 향기로 채워질지어다.
질고의 끈은 끊어지고 보좌로부터 나오는 치유의 광선이
나를 비춰주시옵소서.
내 뼈가 살아나고 내 근육과 살이 살아나고 몸에 있는 모든
기관들이 살아나게 하여 주시옵소서.
이 뼈와 저 뼈가 들어맞고 이 살과 저 살이 들어맞아
하나님이 부어 주시는 생기로 다시금 창조하여 주시옵소서.
그리하여 아프고 병든 부위가 그리스도의 살과 연결되어
살아나고 그리스도의 피를 공급받아 새 몸을 입은 새
사람으로 만들어 주시옵소서.

내 몸이 악기가 되어 치유의 기쁨을 받아 기뻐 춤추기를
원합니다.
치유된 내 영혼이 종일토록 주를 찬송하며 주의 문지기가

되어 새롭게 살기를 원합니다.

예수님은 나의 믿음을 보십니다.

나는 내 생각을 말하지 않고 예수님의 뜻을 말하고 살기를
원합니다.

진짜 믿음은 행함의 믿음입니다.

지붕을 뚫고라도 예수님께 가려는 믿음은 나의 것입니다.

하나님은 나를 도우시고 축복하시려고 내 죄를 용서해
주셨습니다.

오직 하나님은 긍휼하시므로 내 죄악을 덮어 주시어 질병의
구덩이에서 건져내 주실 것을 믿습니다.

여호와의 오른손이 권능을 베푸시어 내 모든 질고의 고난을
함께 지어 주시옵소서.

회복의 기쁜 소리를 듣게 하여 주시옵소서.

구원의 소리와 함께 치유되는 소리가 아름다운 천국의
향연이 되게 하여 주시옵소서.

감사의 소리를 내가 먼저 듣고 주님의 기이한 일을 치유의
기적을 통해 보게 해주시옵소서.

주의 지성소를 향하여 나의 손을 들고 주께 간절히 부르짖을
때에 나의 간구하는 소리를 들어 주시옵소서.

내가 질병의 환난 중에 하나님께 아뢰며 나의 하나님께

부르짖기를 원합니다.

하늘에서 우렛소리를 내시는 지존하신 하나님의 음성을 내
영혼이 듣게 하여 주시옵소서.

나의 왕, 나의 하나님이시여 내가 부르짖는 소리를 들어
주시옵소서.

내 고통의 소리를 들으시고 말씀대로 주께서 원하시는 자로
인정받아 치유가 되기를 기도합니다.

하나님이 내 기도하는 소리를 들으셨으므로 하나님의 천사가
하늘로부터 내려와 나를 지켜주실 줄 믿습니다.

불말들과 불병거가 내 주변에 진을 치게 하여 주셔서 악한
것들이 틈타지 못하도록 도와주시옵소서.

하나님 제가 주님께 보호받기를 간절히 원합니다.

나의 눈을 열어서 영원한 것을 보게 하여 주시고 저 천성을
향하여 살도록 이끌어주시옵소서.

하나님이 목소리를 내신즉 하늘에서 많은 물이 생기는
것처럼 주님이 내 몸을 향하여 말씀만 하시오면 모든 것이
치료되고 회복되어 내 몸에 생기의 물이 생기게 될 것을
믿습니다.

주님은 내 죄를 주님을 위해 기억하지 않겠다고
말씀하셨습니다.

예수님의 이름으로 고백하고 자백하는 모든 죄들이 질병과
함께 사라지고 없어지게 도와주시옵소서.
인생에서 가장 중요한 것은 하나님을 잘 믿는 것입니다.
주님 없는 모든 것은 모든 것이 모래성에 지나지 않습니다.
내가 살아서 숨 쉬는 모든 것이 주님의 은혜임을 고백합니다.
이 땅에서는 사랑하는 것들만 남게 됩니다.
예수님을 믿고 주님의 마음을 담아 사랑으로 행한 것만
영원히 기록됩니다.
육적인 생각으로 인한 육적인 행위들을 용서해 주시옵소서.
하나님 이제는 드러날 시기가 왔습니다.
이 질병을 다 치유해 주셔서 나를 복음의 일꾼으로
나타내시고 주 뜻대로 사용해 주시옵소서.

좁은 길 속에 숨겨진 하늘의 상을 천국에서 받기를 원합니다.
오직 하나님만, 오직 예수님만 영광을 받아 주시옵소서.
한 발 내딛는 순간 주님의 영광된 한 발자국이 멈춰질까
두렵습니다.
내 믿음을 성령으로 지키되 이기적이지 않게 하여 주시고
옛사람의 옷을 입지 않도록 주의 영이 늘 나와 함께해
주시옵소서.

나의 성령님은 치유의 하나님이십니다.

나의 성령님은 살리시는 하나님이십니다.

나의 성령님은 생명의 근원이 되심을 믿습니다.

생명이요 부활이신 주님이 나의 위장, 심장, 허리, 폐, 모든
내장기관을 다스려 주시옵소서.

하나님의 거룩한 불이 내 위장, 심장, 허리, 폐, 모든
내장기관을 덮어 주시옵소서.

보혈의 피가 내 위장, 심장, 허리, 폐, 모든 내장기관을 덮어
주시옵소서.

덮어지는 곳마다 질병의 영이 못 살겠다며 다 떠나가게 하여
주시옵소서.

질병의 소리가 예수 그리스도의 이름으로 없어지고 사라지게
하여 주시옵소서.

질병의 신음소리가 기도의 소리가 되어 주께 간구할 수
있도록 도와주시옵소서.

성령 안에서 깨끗하게 치유 받기를 원합니다.

보혈 안에서 온전하게 치유 받기를 원합니다.

말씀 안에서 생명으로 치유 받기를 간구합니다.

성령 안에서 모든 질병은 견디지 못할 것입니다.

보혈 안에서 모든 질병은 버티지 못할 것입니다.

말씀 안에서 모든 질병은 힘을 쓰지 못할 것을 믿습니다.

성령님이 나의 아픈 위장, 심장, 허리, 폐, 모든 내장기관을

만져 주시옵소서.

예수님이 나의 아픈 배를 만져 주시옵소서.

하나님께서 내 몸에 있는 모든 불편한 곳을 친히 만져

주시옵소서.

내 몸에 아픈 부위를 만지는 것마다 주의 사랑으로 치유해

주시옵소서.

주께서 베푸시는 능력의 손길과 사랑의 손길이 치유의

손길이 되게 하여 주시옵소서.

믿음의 고백이 성령의 확신으로 바뀌는 순간 못할 것이 없고

못 이룰 것도 없습니다.

주 안에서는 능치 못할 일이 하나도 없음을 믿습니다.

사람으로서는 불가능하되 하나님은 모든 것이 가능하심을

내가 굳게 믿나이다.

그리기 위해서는 산을 옮길 만한 믿음보다 내 고집의 산을

옮길만한 겸손부터 주시옵소서.

겸손과 온유의 띠로 질병을 물리치고 더 낮아지고

낮아지기를 원합니다.

하늘에 있는 두루마리가 말리는 것 같이 모든 질병들이

한순간에 말려지게 하여 주시옵소서.

하늘의 두루마리가 한순간에 말려져 없어지는 것처럼 나의
모든 질병도 한순간에 사라지게 하여 주시옵소서.

모든 것을 창조하신 예수님이 위장병, 심장병, 폐병,
허리통증, 골다공증, 중증질환을 꾸짖으신다.

질병의 영들은 떠나가고 다시는 들어오지 못할지어다.

없던 질병도 창조하시는 예수님이 명령하신다.

위장병, 심장병, 폐병, 허리통증, 골다공증, 중증질환을
일으키는 영은 원래 없던 곳으로 돌아갈지어다.

질병의 진을 향하여 예수님의 이름으로 명하여 말하노니
소멸될지어다.

흔적도 없이 진멸되고 전멸될지어다.

주님이 채찍에 맞으므로 나는 질병의 고통에서
해방되었습니다.

주님이 채찍에 맞으므로 나는 질병에서 나음을 입었습니다.

예수님의 피 묻은 손으로 나의 위장, 심장병, 폐병, 허리통증,
골다공증, 중증질환을 안수하여 주시옵소서.

그리하여 하늘로부터 오는 평안을 누리게 하여 주시옵소서.

보좌로부터 내려오는 참된 평강을 내 영이 입게 하여
주시옵소서.

모든 질병에서 나음을 얻게 하여 주시옵소서.

질병으로 인한 마음의 상함도 치유해 주시옵소서.

주님이 만져 주실수록 더 회복될 것을 믿습니다.

시간이 지나갈수록 더 건강해질 것을 믿습니다.

시간이 흘러갈수록 더 좋아질 것을 믿게 하시니 감사합니다.

치유의 영광이 하나님께 예배가 되게 하실 것입니다.

나음의 흔적이 하나님께 감사가 되게 하실 것입니다.

고난의 흔적이 그 나라에서 해같이 빛나게 하실 것입니다.

성령의 고치심이 하나님의 자녀 됨을 증명하게 하실
것입니다.

위장병, 심장병, 폐병, 허리통증, 골다공증, 중증질환이
깨끗하게 치유된 것을 믿으면 그대로 될 것을 믿습니다.

위장병, 심장병, 폐병, 허리통증, 골다공증, 중증질환이
깨끗하게 치유된 것을 믿으면 그대로 될 것입니다.

치료하신 하나님을 찬양하게 하여 주시옵소서.

이 질병이 하나님의 영광을 드러내는 거룩한 도구가 되게
하여 주시옵소서.

주님이 원하시면 나의 모든 질병을 깨끗하게 하실 수 있음을
믿습니다.

내가 하나님을 신뢰하고 있사오니 하나님이 원하시면 이제

나를 치유하여 주시옵소서.

예수님이 원하시면 질병에 있는 모든 염증들을 제거하시고
깨끗하게 하실 수 있으십니다.

질병과 고난을 뛰어넘을 만한 믿음을 주시옵소서.

나의 아픈 가시가 예수님의 사랑을 이어받을 후계자의
흔적이 되게 하여 주시옵소서.

나의 머리끝에서 발밑까지 치유의 광선이 임하게 하여
주시옵소서.

여호와 라파이신 하나님을 찬양합니다.

치유하시는 여호와 하나님을 경배합니다.

세상 사람에게 내린 모든 질병 중 하나도 나에게는 내리지
않으실 것을 믿습니다.

이제는 내가 주께 돌아와서 주와 함께 먹고 마시고 주의
말씀을 청종하는 자녀가 되었음을 기억해 주시옵소서.

하나님은 나를 치료하시는 여호와이십니다.

하나님이 나를 치료하시겠다는 약속의 말씀을 이루어
주시옵소서.

하나님이 가지고 계신 치유의 힘을 나타내 주시옵소서.

전능하신 주의 오른손이 내 아픈 부위를 만져 주시고 고쳐
주시옵소서.

하나님이 나의 모든 죄를 사하시며 모든 질병을 고쳐 주실
것을 믿습니다.
영적 치유와 죄를 용서하시는 하나님의 성품을 믿습니다.
예수님의 희생도 나의 병과 상처를 치유하시기 위한 것임을
믿습니다.
예수님은 지금도 영으로 복음을 전파하시며 나의 모든 병과
약한 것을 고치시는 하나님이심을 믿습니다.

하나님이 주시는 치유의 힘은 나에게 위로와 희망이
되십니다.
내가 기도하면 주께서 믿는 대로 주시겠다고 말씀해 주신
것을 믿습니다.
만국을 치료하며 죽은 것을 소생시키는 생명나무의 열매를
내 영이 먹게 하여 주시옵소서.
하나님께서는 나의 모든 문제와 질병과 아픔을 치료해
주시는 치료자이심을 믿습니다.
나의 치료자이신 하나님은 못 고칠 병이 없습니다.
왜냐하면 하나님은 창조주 하나님이시고 전능하신
하나님이시기 때문입니다.
히스기야 왕이 흘린 눈물의 기도 응답이 나에게도 그대로

일어나게 하여 주시옵소서.

하늘에 있는 신체 창고에서 새로운 머리를 나에게 주시고
오래된 나의 머리는 가져가시옵소서.

하늘에 있는 신체창고의 문을 예수님의 이름으로 열어서
나에게 깨끗하고 온전한 두뇌, 심장, 폐, 간, 대장과 소장으로
바꿔 주시옵소서.

하나님이 나의 기도를 들으셨고 내 눈물을 보셨습니다.

하나님이 나의 위장병, 심장병, 폐병, 허리통증, 골다공증,
중증질환을 치료하셔서 하나님의 사랑을 나타내 주시옵소서.

하나님이 나의 질병을 치료하셔서 하나님의 위대하심을 증거
하게 만들어 주시옵소서.

내가 사는 것이 말씀에 있고 나의 생명도 말씀 안에 있사오니
원하건대 나를 치료해 주시옵소서.

내가 주 앞에서 진실과 전심으로 살아온 것을 기억해
주시옵소서.

죽을병에 걸렸던 히스기야가 심히 통곡하며 회개 기도할 때
하나님은 그의 기도를 들으셨고 그의 눈물을 보셨습니다.

이 회개를 방해하는 악한 영들아 예수님의 이름으로 묶임
받고 예수님의 이름으로 떠나갈지어다.

질병의 염려를 주는 더러운 영들아 보혈의 권세로
파쇄될지어다.

주여 이 시간 나에게 큰 힘과 능력과 권능을 허락하여
주시옵소서.
내 아픈 부위에 예수그리스도의 보혈을 뿌리고 바르고
덮습니다.
나의 병든 곳에 예수그리스도의 보혈을 뿌리고 바르고
덮습니다.
하나님의 능력이 임하게 하여 주시옵소서.
지금 즉시 아버지의 능력이 임하기를 원합니다.

전심으로 기도하고 간구하는 내 기도를 들어 주시옵소서.
깨끗하게 치료하시고 회복시키시는 주님의 능력을 믿습니다.
말씀 안에서 내 위장을 새롭게 창조해 주시옵소서.
성령 안에서 내 허리를 새롭게 만들어 주시옵소서.
믿음 안에서 내 모든 불편한 질환을 고난의 상급으로 갚아
주시옵소서.
내가 잘못한 고생도 회개하여 우리 주님께 영으로 내어
드리면 고생이 거룩한 고난으로 바뀔 수 있음을 믿습니다.
순종이 제사보다 나음은 순종 안에 예배를 담고 있기
때문입니다.
나의 불순종한 고생이 하나님 보시기에 합당하게 순종하는

고난이 되게 하여 주시옵소서.

어쩔 수 없이 또 다른 고난을 선택할 수밖에 없을 때 그 손길
속에서 하나님의 계획이 있게 하여 주시옵소서.

기도의 기름이 나에게 임하고 성령께서 힘을 더하여 주시며
우리 주 예수 그리스도 이름으로 기도합니다. 아멘.

네 하나님 여호와를 사랑하고 그의 말씀을 청종하며 또 그를 의지하라

신 30:20

하늘의 불이 임하는 치유의 기도

나는 너희를 치료하는 여호와임이라 출 15:26

사랑 안에서 나의 모든 질병을 하늘의 영광으로 바꿔
주시옵소서.
그러기 위해서는 내 안에 감사의 기름이 넘쳐야 하고 보좌
우편에 있는 기쁨의 기름도 차고 넘쳐야 합니다.
성령께서 기쁨과 감사의 영이 되어 내 심령에 차고 넘치게
부어 주시옵소서.
하나님이 주시는 성령의 기쁨으로 이 고난을 잘 통과하여
고난받은 무게만큼 면류관의 무게도 함께 무거워지는 완전한
신부의 삶을 살게 해주시옵소서.

치유를 원하시는 하나님은 사랑의 본체이십니다.
하나님은 내가 질병 가운데에서 고통받는 것을 원하지
않으십니다.
예수님이 이 땅에 오셔서 병든 자들에게 일일이 손을 얹어
치료해 주신 것도 사랑하는 자녀들이 아프지 않고 건강하게
지내기를 원하셨던 사랑의 흔적이셨습니다.

"예수께서 이르시되 내 딸아 내 아들아 네 믿음이 너를
구원하였으니 평안히 가라 네 병에서 놓여 건강할지어다."
아멘. 아멘. 아멘. 주님 감사합니다.
나의 질병을 치유해 주실 주님을 찬양합니다. 아멘. 아멘.
아멘.

주님이 흘려주신 피와 땀으로 젖은 보혈의 대가를 은혜로
받고 믿음으로 취합니다.
피 흘려 쓰러져 계신 주님이 나를 일으켜 세우기 위하여
쓰러지셨고 나를 살리시기 위하여 온 몸을 던져 나를 막아
주시고 지켜주셨습니다.
내 입술이 가시가 되어 주님을 찌르는 가시가 되었고 내
상처와 쓴뿌리가 주님의 손과 발을 상하게 하였습니다.
내가 찌른 가시, 내가 주님을 아프게 물어뜯고 흔들어 놓은
상처가 주님을 상하게 만들었습니다.
상처로 찢기시고 온몸이 피투성이가 된 주님의 몸을
부둥켜안고 통회하며 회개합니다.
주님 없이 살다가 내 영혼도 빛을 잃고 살아왔습니다.
어느 것이 생명인지 진리인지도 모르고 혼동하며 살아온
죄를 용서해 주시옵소서.

주님 없이 살아온 모든 삶이 이제 와서 보니 실패와
좌절뿐임을 깨닫게 되었습니다.
사랑하는 주님 이제부터는 내 영혼이 영의 눈을 뜨고 보게
하시고 영의 귀를 열고 듣게 하여 주시옵소서.
죄악으로 어두워진 나의 영혼을 그리스도의 빛으로 다시
인도해 주시옵소서.
세상에서 방황하다 이리저리 헤맸어도 질병으로 우리 주님을
만나게 되었으니
이 질병은 나에게 큰 축복임을 믿게 되었습니다.
지금은 비록 아무것도 알 수 없고 아무것도 들을 수 없고
볼 수도 없지만 이제 곧 주님을 만나는 그 날이 올 것을
기대하며 살아가겠습니다.

예수님 예수님 나의 못난 이 질병의 죄를 가져가시고 천국의
꽃향기로 바꿔 주시옵소서.
못 자국 난 주님의 손으로 내 아픈 부위를 어루만지사 주님의
사랑으로 치유해 주시옵소서.
십자가의 고통을 지나 부활의 영광을 얻으신 주님이 완전한
모습으로 되신 것처럼 내 병든 몸도 질고의 고통을 지나
치유의 영광을 입어 가장 건강하고 가장 보기 좋은 완전한
모습으로 바꿔 주시옵소서.

치유된 기쁨과 감격에 외양간에서 막 나온 송아지처럼 기뻐
뛰게 하여 주시옵소서.
따뜻한 주님의 품에 안겨 나의 눈물로 감사의 편지를 쓰게
하여 주시옵소서.
내 기쁨의 눈물이 주님의 뜻이 되어 하늘에 상달 되어
천인들도 함께 춤추며 살아계신 하나님을 찬양하는 은혜를
내려 주시옵소서.

예수님께서 성령의 능력으로 나를 고치시고 치유해
주시옵소서.
예수님께서 병자들을 다 고치신 것처럼 나의 아픈 곳을 고쳐
주시옵소서.
예수님이 십자가에서 내 모든 질고를 짊어지고 가셨습니다.
여호와 라파이신 나의 하나님을 믿고 신뢰합니다.
예수님의 피권세를 믿습니다.
괴로운 것에 집중하지 않게 하여 주시옵소서.
고통에 집중하지 않게 하여 주시옵소서.
나에게 괴로움과 고통을 가져다주는 악한 영들아 예수님의
이름으로 명하노니 떠나갈지어다.
주님께서 내게 있는 괴로운 것을 가져가시고 하늘의
소망으로 바꿔 주시옵소서.

고통의 질고를 가져가시고 상급의 면류관으로 바꿔
주시옵소서.
질병의 어려움과 질고의 핍박 가운데도 신앙의 길을 끝까지
완주할 수 있게 힘을 더하여 주시옵소서.
내 안에 뿌리 깊게 남아 있는 상처의 잔뿌리들을 제거해
주시옵소서.
뿌리 깊게 박혀 있는 상처의 원뿌리를 시원하게 뽑아
주시옵소서.

하나님은 졸지도 않으시고 주무시지도 않으시니 모든 질고를
제거하고 계실 줄 믿습니다.
하나님이 나의 질병을 가져가시고 하늘에 있는 기쁨과
감사로 바꿔 주시옵소서.
하나님의 말씀을 들은 대로 순종하고 행하는 내 삶을 보시고
모든 질고를 거두어 주시옵소서.
순종이 치료의 시작임을 믿습니다.
감사가 치료의 안정과 평강을 가져다줄 것을 믿습니다.
치료의 일을 행하시고 성취하시는 여호와 하나님을
신뢰합니다.
하나님이 나를 치료하시며 고쳐 낫게 하시어 평안과
평강으로 살게 하여 주시옵소서.

말씀과 성령으로 치유의 불을 내려 주시옵소서.

하나님이 주시는 치유의 주권을 내려 주시옵소서.

하나님의 강권적인 치유의 은총을 허락하여 주시옵소서.

성령 안에서 예수 그리스도의 이름으로 살아가는 나를
기억해 주시옵소서.

하나님의 말씀은 헛되이 되돌아오지 않고 주께서 기뻐하시는
뜻을 이룬다고 하셨습니다.

그 말씀이 내 아픈 부위에 임하여서 하나님이 기뻐하시는
뜻을 이루게 하여 주시옵소서.

치유를 이루시는 하나님이 주의 뜻을 이루고 형통하게 하여
주시옵소서.

하나님 앞에서 질병의 영은 헛된 것을 따라 헛되이 행하는
아무것도 아닌 영입니다.

내 주변에 있는 모든 악한 영들을 예수님의 철장 권세로
제압해 주시옵소서.

불의 권세로 흩어지게 하여 주시옵소서.

헛되이 무엇인가를 하려고 하는 마귀는 헛된 발걸음이 되어
무저갱으로 던져지게 하여 주시옵소서.

내 모든 문제가 주의 손으로 해결 받아 영광에서 영광에
이르게 하여 주시옵소서.

내 모든 질병이 주의 손으로 해결 받아 믿음에서 믿음에
이르게 하여 주시옵소서.
내 모든 염려와 근심이 피 묻은 손으로 해결 받아 감사에서
감사에 이르게 하여 주시옵소서.
주님께서 나 대신 아픈 부위에 채찍을 맞으므로 내 아픈 곳이
나음을 입었습니다.
주님께서 나 대신 상한 부위에 채찍을 맞으므로 내 상한 곳이
나음을 입었습니다.

아픈 부위마다 보혈의 힘으로 깨끗이 치유되었음을
선포합니다.
치유의 광선이 아픈 부위를 비추어 치유되었습니다.
치유된 기쁨이 기뻐 뛰는 찬양이 되게 하여 주시옵소서.
몸에 있는 모든 염증이 즉시 치유되고 사라지기를
간구합니다.
몸에 있는 모든 질병의 뿌리를 뿌리째 뽑아 주시옵소서.
몸에 있는 모든 질병이 성령의 불로 태워지고 깨끗하게
소멸되게 하여 주시옵소서.
하나님이 창조하신 몸이 창조의 질서대로 회복되게 하여
주시옵소서.
하나님이 만드신 몸이 균형의 질서대로 조화롭게 기능하도록

도와주시옵소서.

내가 주께 부르짖어 기도하며 간구할 때에 주께서 나를
고치셨음을 믿고 선포합니다.

예수님이 "네 병에서 놓여 건강할지어다" 말씀하셨습니다.

이 말씀이 지금 즉시 믿음의 고백으로 응하게 하여
주시옵소서.

치유된 몸의 질병이 다시 생기지 않도록 막아 주시옵소서.

보혈을 생각하고 보혈을 말하고 보혈을 외치며 사는 자는
보혈의 권세를 힘입어 보혈의 옷을 입고 살아가는 신부가
됩니다.

보혈의 전신갑주에는 그 어떤 질병도 들어오지 못합니다.

수시로 보혈을 뿌리고 바르고 마십니다.

자면서도 보혈을 뿌리고 바르고 마십니다.

사람으로는 할 수 없으나 하나님으로서는 다 하실 수 있음을
믿고 믿으며 또 믿습니다.

아픈 곳에 손을 얹고 기도할 때 치유의 능력이 생기게 하여
주시옵소서.

질고의 고난이 정금이 되어 빛나는 상급자가 되기를
원합니다.

나에게 있는 모든 질병의 영들아 예수님의 이름으로 묶임
받고 완전히 떠나갈지어다.
모든 질병이 깨끗하게 나을지어다.
모든 통증이 깨끗하게 없어질지어다.
백만 배의 믿음을 가지고 선포합니다.
아무 의심 없이 기도한 대로 이루어질 것을 믿습니다.
아무 의심 없이 기도한 대로 응답받게 될 것을 믿습니다.
믿음의 기도는 아버지와 아들과 성령이 하나 되어 일하시게
하는 영의 기도임을 믿습니다.
하나님 말씀 안에 있는 약속된 치유의 복을 누리게 하여
주시옵소서.

고통을 힘들어하지 않게 은혜를 주시고 이 고통이 거룩한
고난이 되어 하나님의 선하시고 기뻐하시는 뜻을 이룰 수
있도록 도와주시옵소서.
예수님의 거룩한 신부가 되어 이제부터라도 신랑만을
생각하고 살게 하여 주시옵소서.
신부는 신랑이 주시는 영원한 것을 얻기 위하여 한때 쓰이고
마는 영원하지 않은 것을 누리지 않습니다.
신부는 신랑만을 생각하며 취할 것도 취하지 않습니다.
신부는 오직 신랑만을 기다리며 신랑만을 꿈꾸며 신랑이

다시 오기만을 기다리며 살아갑니다.

너는 내 아들의 피로 씻긴 자녀 된 삶을 살아보았느냐
희생해보았느냐
네가 먼저 손 내밀어 용서해보았느냐
고난 속에 있는 자를 사랑해보았느냐
나의 임재가 느껴지지 않아도 감사해보았느냐
나의 말씀대로 쉬지 말고 기도하며 기도 쉬는 죄를 범할까
두려워해 본 적이 있었느냐
네 자신을 스스로 낮추며 살아보았느냐
겸손하였느냐
너에게 맡겨준 작은 것에 신실하게 충성해보았느냐
너는 세상에서 주는 정금보다 내 말씀을 더 사랑하고
살아왔느냐
나를 사랑하여 네가 가장 좋아했던 음란을 버려 본 적이
있었느냐
나를 사랑하여 네가 가장 즐겨했던 누림과 쾌락과 안정을
스스로 버려 본 적이 있었느냐

나는 너를 위하여 내가 앉은 영광된 보좌를 버렸고 내 자신
스스로를 버렸노라

너를 위하여 나 자신을 스스로 버려 향기로운 제물이 된 것이
바로 십자가의 사랑이었노라
그러면 너는 나를 위하여 무엇을 버려보았느냐
나를 사랑하여 네가 가장 좋아했던 인정받음과 칭찬과
감사를 나에게 내어 준 적이 있었느냐
나를 사랑하여 네가 가장 좋아했던 가족도 내려놓아 본 적이
진정 있었더냐
진정으로 용서해보았느냐
진실로 사랑해보았느냐
네 마음을 다하여 내 이름 때문에 참아 본 적이 있었느냐
네가 가장 아끼고 네 가슴에 품고 살아가는 그것을 깨뜨려
나에게 옥합으로 드려본 적이 있었느냐
너에게 있어 십자가는 무엇인 것이냐
나의 사랑을 받았다면 나의 사랑을 흘려보낸 적이 있었느냐
나의 희생을 알았다면 나의 희생으로 살아본 적이 있었느냐

네가 내 앞에 오게 되면 세상에서 노력한 육의 것을 물으려
하지 않을 것이라
영원히 마르지 않고 썩어지지 않을 양식을 위하여 준비하며
살아왔는지를 묻게 될 것이라
기억하라

한때 쓰이고 없어질 불의한 것들을 그리스도의 이름으로
바꿔 영광된 것으로 만들라
세상에서 네가 살아있는 영원한 기회를 놓치지 말라
나는 하늘과 땅 위에 있는 모든 권세를 가진 여호와
하나님이라
처음과 마지막은 나로부터 시작되었고 나로 말미암지 않은
것은 그 어떤 것도 없느니라
모든 것의 시작은 내가 창조하였고 모든 것의 끝도 내가
창조하였노라
너는 시작과 끝의 과정만 있을 뿐이니 오늘을 아끼고 현재를
떠나보내지 말며 지금을 나의 이름으로 살아가야 하는 것을
기억하라
너에게 주어진 것은 지금뿐이며 지금이 모여 너의 하루가
되며 네 미래가 될 뿐이라

그럼에도 세상에 눈이 팔리고 세상에 귀가 팔려서 네 생각과
마음도 세상에 있는 공중권세 잡은 영들에게 내어 주고
세월을 낭비하고 살아간다면 스스로 자기 영혼을 학대하는
것이리라
나의 말씀으로 네 영혼을 먹이라

나의 성령으로 네 영을 항상 생수의 강에 완전히 잠기도록
하게 하라
나의 보혈로 수시로 네 죄를 씻어내며 나의 피와 살을 네
영에게 먹여서 그리스도의 신부된 자태를 만들고 준비하여
오너라
나는 너를 기대하노라

오늘도 나는 모든 인류의 길을 주목하고 있고 높은 성소에서
굽어보며 하늘에서 땅을 살펴보는 여호와 하나님이라
나 외에는 구원자가 없느니라
그 어떤 것도 나를 대신하지는 못할 것이니라
나는 태초 이전부터 스스로 있는 자이니라
누가 나를 대적하며 싸울 것이며 그 누가 나를 속일 수
있겠느냐
나는 사람의 뜻과 마음을 살피며 폐부를 들여다보는
전능자이니라
말씀의 다림줄이 네 생각 속에 있고 네 마음에도 있으며 네
삶에 내려져 있건만 너는 너의 자의대로 살아가는구나
너희는 지존자의 말씀을 들을지어다
지금 듣는 자는 살게 될 것이요 스스로 귀를 막고 듣지 않는
자는 그의 죄 가운데서 죽겠고 내가 가는 곳에는 너희가 오지

못하리라

지금 즉시 너의 고집과 교만을 벗어버리라

지금 바로 너희 자존심과 헛된 자랑을 베어버릴지어다

벗어버리고 베어 버리지 아니하면 그것이 네 영의 목을

조르게 되고 죄로 살아있는 네 자아는 지옥문 앞에까지

이르게 될 것이니라

너희가 듣고 있는 소리는 곧 없어질 세상의 소리이니라

너희가 하고 있는 일들은 다 불타 없어질 허무한 것이니라

내 이름으로 하지 않은 것은 어떤 모양을 갖더라도 나는 받지

않겠노라

성령으로 심지 아니하는 자마다 썩어질 것을 얻게 되리라

하나님의 열심으로 하지 않는 것도 나는 받지 않으리라

그러나 작고 작은 두 렙돈도 내 이름으로 나를 사랑하여

하는 자들은 내 기념책에 기록하여 영원토록 보존할 것이요

영세토록 칭찬과 존귀를 받게 할 것이라

나를 사랑하여 가져오는 지극히 작을 것일지라도 나는

그것을 예물로 받아 하늘의 보화로 바꿔 놓을 것이라

네 소견대로 네 의도대로 네 목적대로 네 유익과 왕궁을

만들지 말라

네 정욕과 탐심의 면류관을 스스로 쓰지 않기를 원하노라
그것을 얻었을지라도 누리는 대로 네 영은 빛을 잃게 될
것이요 취하고 받는 대로 네 영은 상하게 될 것이며 누리는
만큼 그것이 덫이 되어 죄의 구덩이에서 결단코 빠져나오지
못하리라
악한 영은 네 영을 빼앗거나 취할 수는 없으나 악한 영은
네가 원하는 가장 좋은 것으로 너를 미혹하고 유혹하여 네
스스로를 악한 영들에게 내어 주게 되는 것을 기억하여 삼가
조심하고 근신하며 깨어 있으라
그렇지 않을 경우 너희들은 언제 무너지고 사라져 없어져
버릴지 모르는 안개 같은 존재이니라

여호와의 영은 살리는 영이라
내 영은 만족이 없는 자에게 참만족을 주고 병들고 아픈
자에게는 치유의 영으로 임하게 되며 절망하고 좌절 가운데
있는 자에게는 참 소망과 기쁨 자체를 안겨주는 생명의
영이라
너희들은 나의 영을 받아 얼마나 나의 영이 너희 안에
안정되게 머물 수 있도록 하였느냐
너희가 원하는 것을 네 마음에 놓기 위하여 나를 밀어내고 더
나아가 소멸하게 만들지는 않았느냐

이 땅에서는 내가 너희에게 만큼은 왕이 가지고 누릴 수 있는
자유의지를 주었노라
너는 죄의 종이 되어 의에 대하여 자유를 누리지 말라
진정한 영광된 자유를 소망하라
너희는 진리를 취하고 그 진리 알기를 간구하고 그 진리가
너희를 자유케 만들라
요란한 죄는 철창에 가둬 놓고 의에 대하여 의의 옷을 입고
살아가거라
결단하라
머뭇거릴 시간이 없다
이제부터 말씀의 등불을 항상 켜고 있으라
기도의 기름이 마르지 않게 하라

성령이 말씀과 보혈로 하나가 되어 운행하도록 영의 기도를
끊임없이 하라
나는 눈먼 너희를 다시 보게 할 것이고 눌려 있는 너희를
나의 이름으로 자유케 할 모든 영의 아버지니라
나에게 맡기라
나를 의탁하라
나를 구하고 나에게 두드리며 나를 찾으라
목마른 자는 올 것이요 원하는 자도 오라

값없이 생명수를 받게 될 것이라

그러므로 쉬지 말고 두드리라 구하라 찾으라

두드리는 자에게 열릴 것이요 구하는 자가 얻을 것이요 찾는
자가 받게 될 것이라

쉬지 말고 두드리는 자에게는 나도 쉬지 않고 열어 줄 것이다

쉬지 말고 구하는 자에게는 나도 쉬지 않고 얻게 해 줄
것이다

쉬지 않고 찾는 자에게는 나도 쉬지 않고 받게 할 것이라

열어주고 얻게 해주고 받게 해 줄 자는 영존하시는 너희의
아버지시라

내 어깨 위에는 왕권이 있고 나는 평강의 왕이니라

내가 너희에게 쉬지 않고 응답해 주리라

나는 졸지도 주무시지도 아니하는 전능한 하나님이라

나에게는 감기나 알츠하이머병, 심장병, 중증질환이나
동일한 것이니라

믿음을 가지라 믿음을 크게 가질수록 너는 더욱 온전한 나의
신부가 되리라

진정 내가 할 일을 너는 믿기만 하라

내 말에 귀를 기울이고 내 말씀을 청종하라

순종이 제사보다 나음은 순종 안에 예배가 있기 때문이라

내 말에 순종하고 더욱 순종하라

계속 순종하고 항상 감사와 겸손 가운데 순종하라

끝까지 순종하는 자에게는 백발이 되기까지 너희를 품을

것이요 내가 지었은즉 내가 업을 것이요 내가 품고 구하여

내리라

너희가 반드시 기억해야 할 것이 있노라

너희가 내 살과 피를 먹고 마실 때마다 내가 주는 사랑을

먹고 마시는 것이니라

그러니 더 많이 하늘의 만나를 먹고 하늘로부터 내려온

살아있는 떡을 먹으라

생명의 양식이 되고 영원히 목마르지 아니하고 영원히

주리지 않으리라

너희는 내 이름으로 꼭 승리하고 이겨야 한다

누구든지 진 자는 이긴 자의 종이 됨을 기억하여야 할 것이라

지는 대로 끌려다닐 것이고 지는 만큼 죄의 종이 되어

일평생을 허무한 곳에 무릎을 꿇으며 살게 될 것이다

죄와 손잡고 자신을 위한다고 합리화하며 나의 뜻을

저버리지 말라

너희는 믿음 안에서 올바르게 있는가 자신을 시험하고 너희

자신을 말씀 안에서 확증하고 살아야 한다

생수의 근원 되는 나의 영을 소멸하게 하지 말라

어리석은 죄로 인해 스스로 웅덩이를 파지 말며 죄의 차꼬를

차지 말지어다

너희가 가장 좋아하는 그것이 네 영혼을 스스로 더럽히고

있음을 왜 알지 못하느냐

나는 지금도 너희를 통해 받을 세례가 이루어지기까지

이토록 하루를 천년같이 인내하고 있건만 너희는 어째서

나의 답답함을 모르고 살고 있느냐

이제 마지막 때가 네 발 앞에까지 차오르고 있다

이제는 창조자의 권능으로 마지막 문을 닫을 때가 왔건만

영의 눈이 닫혀 있는 너희는 여전히 졸고 있고 자고 있구나

일어나 깨어 있으라

사랑하는 자여 나는 네 영이 범사에 강건하고 잘 되기를

원하고 있고 바라고 있노라

이제 나와 함께 생각하고 나와 함께 마음을 맞대고 나와 함께

발걸음을 맞추기를 원한다

내 자녀야 너는 준비하라 이제도 준비하고 내일도 준비하고

살거라

공중에서 나팔소리가 울려 퍼질 때 내가 너희를 취하러

가리라

그 날을 소망하고 살고 그 날을 손꼽아 기대하며 살거라

나도 너희를 기대하고 있노라

너의 하나님 여호와가 네 가운데에 있나니 나는 구원을 베풀
전능자라

나는 너로 말미암아 기쁨을 이기지 못하고 싶고 너희를
잠잠히 사랑하며 너희로 말미암아 즐거이 부르며 기뻐하기를
원하노라

내가 열면 닫을 자는 결단코 없을 것이며 내가 한 번 닫으면
그 문을 열 자도 세세토록 없으리라

나를 의지하고 나를 믿고 나와 함께 그리스도의 남은 고난을
나의 몸 된 교회를 위하여 채워서 영광된 반열에 이르기를
원하노라

사랑하는 내 딸과 아들아 고맙구나

볼지어다 내가 세상 끝날까지 너희와 항상 함께 있으리라

하나님의 음성을 듣고 하나님의 뜻을 알게 되었사오니
이제부터는 주 뜻대로 살게 하여 주시고 성령 따라 살게
해주시옵소서.

내가 나사렛 예수 그리스도의 이름으로 명하노니 나의
위장병, 심장병, 내장질환, 허리디스크는 완전히 묶임 받고
예수님의 이름으로 떠나갈지어다.

나의 통증은 완전히 묶임 받고 예수님의 이름으로
떠나갈지어다.
나의 질병은 말씀의 끈으로 묶임 받고 예수님의 이름으로
떠나갈지어다.
나의 질병은 성령의 검으로 끊어지고 예수님의 이름으로
떠나갈지어다.
내 마음과 의지를 다 하여 믿음의 힘을 실어 아무 의심 없이
나사렛 예수 그리스도의 이름으로 명하노니 모든 질병들은
보혈의 권세로 묶임 받고 성령의 불로 다 태워질지어다.

예수그리스도의 이름으로 선포할 때 치유의 능력이 크게
나타날지어다.
아픈 틈을 타고 들어온 우울한 영들아 예수 그리스도
이름으로 명하노니 무저갱으로 떠나갈지어다.
나의 고난이 하나님의 보좌에 가까이 갈 수 있는 기념이
되게 하여 주옵시고 그 고난이 거룩한 증거가 되게 하여
주시옵소서.
질병이 세지고 고난의 문을 통과할 때마다 하늘의 영광된
신분이 올라가게 하여 주시옵소서.
자기의 힘으로 되는 것이 아니라 성령님의 도우심으로
인도받기를 원합니다.

보혈의 전신갑주를 입고 어둠의 세력에 대적하여 질병을
물리치게 도와주시옵소서.
성령께서 주시는 성령의 영력으로 질병도 이기게 하여
주시옵소서.
질병의 십자가를 지고 물러서지 않게 하여 주시옵소서.
질고의 십자가를 지고 전진할 수 있는 힘을 주시옵소서.
질병의 견고한 진을 성령의 불권으로 파하게 하여
주시옵소서.
질병의 고난을 이길 수 있는 강력한 불검을 주시옵소서.
질병의 영들아 너희를 멸하실 예수 그리스도의 이름으로
명하노니 전멸될지어다.
질고의 고난들아 보혈의 권세로 없어질지어다.

아픈 부위에 손을 대고 예수님의 이름으로 간구할 때
성령께서 일하기 시작하십니다.
예수님의 피 묻은 손이 나를 안수하시면 깨끗하게 나아질
것이 믿어집니다.
주님 나에게도 보좌로부터 임하는 불의 능력을 주옵시고
더욱 강하게 믿어지는 믿음을 내려 주시옵소서.
오늘 바로 기도할 때 나의 기도가 이루어졌습니다.
나의 체질도 건강한 체질로 바뀌었습니다.

믿음이 생겼습니다.
소망이 생겼습니다.
건강한 모습으로 보고 듣고 먹고 생활할 수 있게 되었습니다.
예수님의 이름과 성령의 능력으로 치유해 주심을
감사합니다.
하늘의 부르심을 입은 자답게 소명의 응답을 받고 살게 하여
주시옵소서.

하나님의 영을 나의 몸에 부어 주셔서 모든 질병도 힘없이
떠나가게 하여 주시옵소서.
예수님 앞에 힘없이 무릎 꿇은 질병의 영들이 예수님의 권위
앞에 힘 한 번 써 보지도 못하고 떠나감을 믿습니다.
나의 질고를 통하여 하나님이 인정해 주시는 영적 권위가
높아지게 하여 주시옵소서.

주를 경외하는 자들이 나를 보고 기뻐하는 것은 내가 주의
말씀을 바라는 까닭임을 고백합니다.
크게 기뻐함으로 하나님께 감사하게 하여 주시옵소서.
크게 감사함으로 하나님을 찬양하게 하여 주시옵소서.
나의 약함으로 인하여 그리스도의 능력이 나에게 머물기를
원합니다.

질병의 처방전을 주께 내어드리고 기도의 처방전을 겸손과
순종으로 얻게 하여 주시옵소서.
질병의 괴로움이 있는 동안 나의 최대 관심은 주님의 뜻과
계획이 되었습니다.
주님께서 나타나실 때 나에게 가져다주실 은혜를 떠올리며
살아갑니다.
주님 오시는 날에는 내 생각과 마음과 몸이 완전해질 것임을
믿습니다.
오늘도 상 받기를 소망하는 마음으로 말씀 안에서 살게 하여
주시옵소서.
질고의 고난을 받아 순종을 배우고 더 온전해지게 하여
주시옵소서.
거룩하고 흠 없는 완전함에 서게 하여 주시옵소서.
하늘에서 좋은 모든 것을 얻게 하여 주시옵소서.

주님은 은혜와 영화를 주시며 정직하게 행하는 자에게는
좋은 것을 아끼지 아니하실 것을 믿습니다.
하나님은 사모하는 영혼에게 만족을 주시고 주린 영혼에게는
좋은 것으로 채워주심을 믿습니다.
하늘 아버지께 구하는 나에게 성령을 한량없이 부어
주시옵소서.

그리하여 세상의 정신줄은 내려놓고 믿음의 신앙줄은 꽉
붙잡고 가게 하여 주시옵소서.
예수님이 십자가의 죽음을 통하여 죽음의 세력을 잡은 자
마귀를 멸하셨습니다.
죽음의 두려움에 사로잡혔던 나를 주님의 보혈로 자유하게
만들어 주셨습니다.
세상 소리를 닫고 성령의 불을 켜고 살게 하여 주옵소서.
불을 가진 자로 살기를 원합니다.

이 영의 기도문을 믿음으로 읽으면서 내가 있는 자리에서
다시 거듭나도록 주께서 도와주시옵소서.
남은 여생을 주의 뜻을 받들고 살기를 원합니다.
나에게 남겨진 삶에 미리 감사하여 성령께 더 일찍이 나아갈
수 있도록 도와주시옵소서.
한평생 살면서 살아도 모자란 감사가 차고 넘치게 하여
주옵소서.
응답이 늦어지면 늦어진 만큼 더 많이 기도할 수 있게
해주셔서 하늘에 더 큰 상을 쌓게 하여 주시옵소서.
나를 때리는 자들에게 내 몸을 맡기며 내 인격을 뽑아내는
자들에게 나의 생각을 맡기며 모욕과 침 뱉음을 당하여도
복음의 얼굴을 가리지 않겠습니다.

나를 의롭다 하시는 이가 가까이 계시니 나와 다툴 자가
없음을 믿습니다.
성령의 불이 임하여 말씀으로 설지어다.
주 여호와께서 나를 도우시리니 나를 정죄할 자는 그 누구도
없습니다.
고난 중에 행하여 빛이 없는 자라도 여호와의 이름을
의뢰하겠습니다.
내 하나님께 의지할지어다.
말씀으로 살아갈지어다.

고난의 불 가운데로 지나가고 고통이 있는 곳에 누울지라도
여호와께서 나와 함께 하시나니 그곳이 푸른 초장이 될 것을
믿습니다.
의를 따르며 여호와를 찾아 간구하는 자로 살게
해주시옵소서.
마귀가 파낸 보암직하고 먹음직한 구덩이에 빠지지 않기를
원합니다.
항상 종일토록 나를 따라다니는 악한 영들아 예수님의
이름으로 떠나가라.
내 주변에 있는 고난과 고생의 영은 떠나갈지어다.

내 질병의 죄 속에서 숨어 있는 악한 영들아 나에게서
나올지어다.
이 죄인 놈도 말씀의 빛으로 세워 주시옵소서.
질병이 연기같이 사라지고 고난이 하루살이 같이 죽게 하여
주시옵소서.
주님의 구원은 영원히 있고 주님의 공의는 일 점도 없어지지
않음을 믿습니다.
죽을 사람을 두려워하지 않겠습니다.
풀 같이 될 사람의 자랑을 취하지 않겠습니다.
말씀의 지팡이로 내 마음을 휘저어 주시옵소서.
사람들이 주는 칭찬의 잔을 마시지 않게 하여 주시옵소서.

내 영혼아 깨어나라 깨어날지어다.
하늘로부터 임하는 힘을 받을지어다.
일어날지어다.
일어설지어다.
내 영혼아 말씀의 옷을 입을지어다.
모든 문제는 예수님의 이름으로 명하노니 스스로
풀어질지어다.
비틀거림을 주는 악한 영들아 예수님의 이름으로 떠나가라.
내 억울함을 풀어 주시는 주님이 내게 평강으로 임하여

주시옵소서.

쾌락의 잔을 다시는 마시지 못하게 만들어 주시옵소서.

질고의 재앙을 만나도 하나님께 돌아가는 거룩한 천국길이
되게 하여 주시옵소서.

내 마음속 깊은 곳에 숨겨져 있는 교만의 보좌를 엎어
주시옵소서.

내 안에 살고 있는 교만한 세력들을 멸하여 주시옵소서.

내 자아를 주님 앞에 엎드러뜨리기를 원합니다.

주님께로 돌아옵니다.

그리하면 주님도 내게로 돌아오셔서 온전하지 못한 것을
주의 손으로 다 고쳐 주시옵소서.

몸을 먼저 고쳐 주시기보다는 내 마음부터 만져 주시옵소서.

내 겉사람부터 치료해 주시기보다는 내 속사람부터 고쳐
주시옵소서.

세상을 본받지 않겠습니다.

내가 걸어온 악한 길에서 떠나고 악한 행위를 버리겠습니다.

주님의 말씀을 듣고 주님께 귀를 기울이며 살겠습니다.

하나님이 뜻하신 것을 나에게 행하시옵소서.

예수님을 위하며 예수님을 위하여 살고 싶습니다.

복음을 위하며 복음을 위하여 살고 싶습니다.

그의 나라와 의를 위하며 그의 나라와 의를 위하여 살고
싶습니다.
영혼을 위하며 영혼을 위하여 살고 싶습니다.
나의 어리석은 생각으로 고난을 더하지 않게 하여
주시옵소서.
하늘의 것을 넘치도록 풍성하게 채워주시옵소서.
내가 눈을 들어 본즉 지나온 나의 세월이 다 죄뿐 임을
고백합니다.
주님 저 어떡하면 좋아요 이토록 주님의 마음을 아프게
했으니 후회의 회한이 나를 짓누르고 있습니다.
이제라도 내가 자랑하던 것들이 흐트러지게 하여 주시고 내
교만한 뿔들이 말씀의 칼로 잘리게 하여 주시옵소서.
나의 자랑과 육신의 정욕들이 사방에 바람 같이 흩어지기를
원합니다.

성곽 없는 성읍에 살지 말고 여호와의 말씀에 불로 둘러싼
성곽에 살게 하여 주시옵소서.
하나님의 임재 가운데에서 영광이 되는 삶을 살기를
원합니다.
하나님의 영광을 위하여 주님의 영을 나를 노략하고
괴롭히는 사람들에게 보내셨습니다.

그러므로 나를 범하는 자는 그의 눈동자를 범하는 것이라고
말씀해 주신 위로의 생수를 내 영이 먹게 하여 주시옵소서.
예수님의 거룩한 십자가에서 나를 주님의 소유로 삼아
주시옵소서.
모든 육체가 여호와 앞에서 잠잠할 그 때에 여호와께서 그의
거룩한 처소에서 일어나시어 내 손을 잡아 주시고 말씀하여
주시옵소서.
"내가 너를 사랑하노라" "내가 너 오기만을 오랫동안
기다렸노라" "이제부터 영원토록 주인의 즐거움에
참여할지어다" 아멘.

이 고난이 하나님 보시기에 아름다운 고난이 되게 하여
주시옵소서.
이 고난으로 하나님께 깊은 감동을 드리는 고난의 예배가
되게 하여 주시고 고난이 기도의 향연이 되고 감사의 생수가
되게 하여 주시옵소서.
고난이 주 안에서 고난다운 고난이 되어 내 속사람이
다듬어지고 내 삶이 그의 나라와 의로 만들어지는 거룩한
과정이 되기를 원합니다.

고난의 과정 속에서 우리 주님을 더욱 의지하고 역경
속에서도 나의 주님께 항상 감사할 수 있는 믿음을
주시옵소서.
그러므로 주 안에서 받는 고난이 나의 벗이 되어 이 땅에서
그리스도의 신부로 빚어 주시고 면류관을 쓸 수 있는 성흔이
되게 하여 주시옵소서.
하나님의 법궤를 내 삶의 어깨에 메고 고난의 행진이 하늘의
존영이 되게 하여 주시옵소서.
무조건적인 사랑과 조건 없는 희생이 내 겉사람을 힘들게
하고 있으나 속사람의 밝고 빛나는 영체를 생각하여
성령님과 밀착동행을 할 수 있도록 내 마음과 생각을 잡아
주시옵소서.

하나님의 뜻 안에서 고난을 받기를 원합니다.
그의 나라와 복음과 함께 고난받게 하여 주시옵소서.
세상이 주는 애굽의 영광된 보좌를 버리고 그리스도를
위하여 받는 수모를 애굽의 모든 보화보다 더 큰 재물로
여기고 살기를 원하고 원합니다.
고난의 떡을 먹으면서 고난의 바다를 건널지라도 우리
주님이 함께하시면 고난의 떡은 하늘의 양식이 되고 고난의
바다는 천국의 생명수가 됨을 믿습니다.

하나님이 내 고난과 함께 내 수고를 보시옵소서.

질고의 고난 중에서도 젖과 꿀이 흐르는 생수로 인도하시니
이것이야말로 최고의 감사가 되고 주께서 하늘에서 내려
주실 영광의 옷임을 믿습니다.

내가 당한 모든 고난을 주님이 다 보고 계시니 저는 염려하지
않겠습니다.

하나님이 내게 은혜를 베푸사 내 죄된 자아를 죽여서 내가
고난 당함이 고난으로 느껴지지 않게 하여 주시옵소서.

내가 당한 모든 고난을 하나님이 아시거니와 고난의 길에서
더욱 나의 주님을 의지하고 사랑하는 기념책에 기록이 되게
하여 주시옵소서.

고난이 심하여 일상이 매여 있고 놓이지 못할지라도 매임과
갇힘 속에 여호와의 손길을 찾게 하여 주시옵소서.

세상이 주는 요란한 고생을 받게 하지 마옵시고 하나님이
주시는 거룩하고 아름다운 고난을 성령에 이끌리어 받기를
원합니다.

고난의 떡을 고난의 물로 먹는 중에도 하늘에서 내려 주는
기쁨의 달콤함이 되게 하여 주시옵소서.

고난의 떡을 먹는 것이 그리스도의 살을 먹는 것이 되게 하여
주시고 고난의 물을 먹는 것이 주님의 보혈을 마시는 예배가
되게 하여 주시옵소서.
주께서 내가 고난받는 것을 감찰하여 주시옵소서.
주께서는 고난 당하는 나에게 빛을 주셨고 마음이 아픈
나에게 생명을 주셨습니다.
내 모든 고난의 날 동안을 절제로 인내를 이루며 참아내게
하여 주시옵소서.
고난의 덫에 풀려나기를 기다리나 주님의 계획 안에서
이루어지기를 원합니다.
그러하오니 고난받는 나에게 하나님의 공의를 베풀어
주시옵소서.

내 마음에 고난의 근심이 많을수록 하늘의 영광도 더욱
커지게 하여 주시옵소서.
내가 주의 인자하심을 기뻐하며 즐거워하는 것은 주께서
나의 고난을 보시고 환란 중에 있는 내 영혼을 아셨음을 알게
되었습니다.
내 어리석음으로 만든 고생도 주 안으로 들어오면 거룩한
연단이 될 수 있음을 믿습니다.
나의 우매로 생긴 환난이 주 안에서 아름다운 연단이 되게

하여 주시옵소서.

고생의 쓴맛도 주안에 있으면 생명의 단맛이 되게 하시니
항상 감사하는 마음을 주시옵소서.

고난 속에서 압제를 주는 마귀 사탄 귀신의 세력들아
예수님의 이름으로 명하노니 떠나갈지어다.

내 인생에 고난이 많으나 여호와께서는 나의 모든 고난에서
하나님의 의를 이루도록 도와주시옵소서.

심한 고난을 보이신 주님이 나를 다시 살리시며 저 인생의
밑바닥에서 아름답게 끌어내 주심을 믿습니다.

천국은 당하는 고난도 없고 찾아오는 재앙도 없으니 이
땅에서 마음껏 고난의 향연을 펼쳐서 성령 안에서 누리고
말씀 안에서 맛보게 하여 주시옵소서.

내가 고난 중에 여호와께 부르짖습니다.

내가 어릴 적부터 고난 당한 것이 저 천국에서는 빛나는
영예가 되기를 소망합니다.

내가 미련하여 죄악의 길을 따르고 악을 범했기 때문에
세상의 고생을 받고 있음을 인정합니다.

그러나 나의 어리석은 어려움도 주님이 함께 이끌어주셔서
거룩한 연단이 되고 순종이 되도록 도와주시옵소서.

하나님의 말씀이 나를 항상 살리셨으므로 나의 고난 중에도
위로가 됩니다.

내가 그릇 행하여 생긴 어려움을 우리 주님께 지금이라도
내어드립니다.

어려움 당하는 것이 내게 유익이 되게 하여 주시옵소서.

고통 가운데 넘어지지 않게 하여 주시고 주의 율법을
지켜내는 기회가 되게 하여 주시옵소서.

하나님의 법을 기억하는 고난의 추억을 주시옵소서.

고난받는 자로 살게 되어 나의 날이 다 험난하나 속사람은
기뻐하며 잔치하게 하여 주시옵소서.

나를 고난의 풀무불에서 택하여 주시옵소서.

나를 위로하신 하나님이 고난 당한 나를 긍휼히 여겨주실
것을 믿습니다.

내 상처로 영적인 중상을 당하고 힘들어도 소망이시요
구원자이신 하나님을 바라보겠습니다.

내가 앞으로 당할 고난도 우리 주님께 미리 내어드립니다.

고난이 내게 유익함은 내가 고난받을 때에 내 영혼이 주님을
더 간절히 찾기 때문입니다.

환난 당하는 날에 내가 이 고난을 방관하지 않을 것입니다.

고난의 날이 예배의 날이 되게 하여 주시옵소서.

어리석은 혈기를 부려서 고생을 더하지 않게 만들어
주시옵소서.
고난의 바다를 지나갈 때에 바다 물결이 나를 칠지라도 내가
요동하지 아니함은 주께서 나의 반석이 되시기 때문입니다.

지금까지 살면서 하나님의 말씀을 거스른 죄를 용서해
주시옵소서.
알고 있으면서도 죄와 손잡고 죄가 주는 즐거움을
누려왔습니다.
고난받을 때 내 불완전한 자아가 죽임당하고 온전한 영체로
바꿔 주시옵소서.
세상에 대하여 고난을 받고 멸시를 당할수록 예수님의
옷자락을 붙잡겠습니다.
주님이 먼저 고난을 받으셨으니 내가 고난받는 것도 마땅한
것임을 고백합니다.
이 고난을 받고 주님이 주시는 영광에 들어가게 하여
주시옵소서.
고난이 많아질수록 확실한 많은 증거로 하나님이 친히
살아계심을 나타내 주시옵소서.
고난받아야 할 것을 내가 알지 못하여도 주님을 더욱
신뢰하게 하여 주시옵소서.

그리스도와 함께 하는 것이 고난의 영광이 되기를
소망합니다.
육신의 고난을 우리 주님께 예배로 올려 드립니다.
내가 환란을 당하는 것도 하나님의 위로와 구원을 받게
하려는 것임을 믿습니다.
내가 위로받는 것이 다른 사람에게도 위로가 되게 하여
주시옵소서.
주님의 위로가 내 심령 속에서 역사하여 내가 받는 고난을
성령으로 견디게 하여 주시옵소서.

내 믿음의 견고함이 고난에 참여하는 예배로 하늘의 위로가
임하기를 원합니다.
힘에 겹도록 심한 고난을 당하여 살 소망까지 끊어져도 나와
주님은 무엇으로도 끊어지지 않게 하여 주시옵소서.
모든 일에 하나님의 일꾼으로 자천합니다.
많이 견디는 것과 환난과 궁핍과 고난이 예배가 되기를
원합니다.
그리스도를 위하여 나에게 고난의 은혜를 내려 주신
하나님께 감사드립니다.
예수님을 믿고 주를 위하여 고난이 시작되는 것은 상급문이
열리는 것임을 믿습니다.

예수님의 부활과 주님의 권능이 고난의 영광이 된 것처럼
주님의 죽으심을 본받아 살아가겠습니다.
이제 영혼들을 위하여 받는 괴로움을 기뻐하고 그리스도의
남은 고난을 내 삶과 육체에 채우고자 합니다.
고난과 능욕을 당하여도 우리 하나님을 힘입어 선한 싸움
중에 하나님의 복음을 끝까지 사수하게 하여 주시옵소서.
이 고난이 하나님의 공의로운 심판의 표가 되고 하나님의
나라에 합당한 자로 여김을 받는 영광이 되게 하여
주시옵소서.
주님의 나라를 위하여 내가 고난받고 있음을 항상 감사하게
도와주시옵소서.
주를 위하여 갇힌 자 된 자로 살게 하시고 오직 하나님의
능력을 따라 복음과 함께 당당히 고난받게 하여 주시옵소서.

마지막 날까지 능히 지켜 낼 수 있는 힘을 주시옵소서.
복음으로 말미암아 내가 죄인과 같이 매이는 데까지 고난을
받았으나 하나님의 말씀은 매이지 아니하니 더욱 주를
의지하게 도와주시옵소서.
그리스도 예수님 안에 있는 구원을 영원한 영광과 함께
받기를 원합니다.

지금 내가 주와 함께 죽었으니 장차 주와 함께 살게 하여
주시옵소서.
지금 참으면 주님과 함께 왕 노릇 할 것이니 내 교만을
부인하고 내 자랑을 부인하고 살게 하여 주시옵소서.

주께서 죄된 모든 것 가운데에서도 나를 건져내 주시기를
간구합니다.
모든 일에 신중하여 그리스도의 고난을 받고 내게 맡겨진
거룩한 직무를 이루게 하여 주시옵소서.
내 자아가 죽음의 고난을 받아 영광과 존귀로 관을 쓰게 하여
주시옵소서.
고난을 통하여 온전하게 하여 주시옵소서.
고난받으셨던 주님이 시험받는 나를 능히 도우셔서 주님이
주시는 힘으로 이겨내게 하여 주시옵소서.
자주 고난을 받았어야 할 것이로되 주 뜻대로 통과하기를
원합니다.
자주 눈물을 흘렸어야 할 것이로되 주님이 인정하시는 영의
눈물이 되게 하여 주시옵소서.
때때로 어려움을 겪었어야 할 것이로되 성령의 인도에 따라
받게 하여 주시옵소서.
고난의 큰 싸움을 견디어 내는 힘을 주시옵소서.

잠시 죄악의 낙을 누리는 것보다 주 안에서 고난받기를 더
기뻐하기를 원합니다.
십자가 밖에서 헛된 고생을 하게 하지 마시고 십자가 안에서
금생과 내생에 유익한 고난을 받게 하여 주시옵소서.
고난 중에도 즐거워하게 도와주시고 기쁨 중에 주님을
찬양하기를 원합니다.
그리스도의 영이 고난의 영광을 미리 증언하여 부당하게
고난을 받아도 하나님을 생각함으로 슬픔을 참는 아름다운
신부가 되게 하여 주시옵소서.
고난받고 참아서 하나님 앞에 아름다운 신부의 자태로 빚어
주시옵소서.

주님이 나를 위하여 고난을 받으사 나에게 본을 끼쳐 그
자취를 따라오게 하려 하셨으니 즐거이 따르겠습니다.
욕을 당하시되 맞대어 욕하지 아니하신 주님을
생각하겠습니다.
고난을 당하시되 위협하지 않으시고 오직 공의로 심판하시는
아버지께 부탁하신 주님을 따르겠습니다.
그저 용서하게만 하여 주시옵소서.
그저 사랑하게만 하여 주시옵소서.
항상 기도하게만 하여 주시옵소서.

말씀에 뿌리박은 믿음을 간구합니다.

말씀에 뿌리내린 사랑을 간구합니다.

의를 위하여 고난을 받아 복 있는 자로 살기를 원합니다.

세상 사람들이 두려워하는 것을 두려워하지 말며 근심하지

말고 살게 해주시옵소서.

선을 행함으로 고난받는 것이 하나님의 뜻임을 항상

기억하기를 원합니다.

악을 행함으로 미련한 고생길에 들어서지 않게 하여

주시옵소서.

그리스도께서도 단번에 죄를 위하여 죽으신 것처럼 내

불완전한 자아도 항상 십자가 위에서 단번에 죽게 하여

주시옵소서.

불의한 나를 대신하신 주님을 깊이 생각하겠습니다.

지금은 비록 내 육체로는 날마다 죽임을 당하나 영으로는

살리심을 주신 주 하나님께 감사드립니다.

주님을 사랑하는 고난의 증인된 삶을 살아서 나타날 영광에

참여할 자로 서게 하여 주시옵소서.

그리스도 안에서 나를 부르시고 주님의 영원한 영광에

들어가게 허락하신 하나님을 찬양합니다.

이 세상에서 잠깐 고난을 당하나 주님의 손으로 친히

온전하게 하시고 굳건하게 하시고 강하게 하셔서 복음의 터를 더욱 견고하게 하여 주시옵소서.
오늘도 주 안에서 사랑의 발맞춤으로 성령님과 동행합니다.
그리스도 안에 있는 평강이 있게 하여 주시옵소서.
장차 받게 될 고난을 두려워하지 않게 하여 주시옵소서.
환난 속에서도 죽도록 충성만 할 수 있는 힘을 주시옵소서.
눈물 속에서도 죽기까지 기도만 하게 도와주시옵소서.

불과 유황으로 고통받는 지옥을 생각하면 지금 이 고난은 고난도 아닙니다.
고통이 세세토록 이어지고 밤낮 쉼을 얻지 못하는 지옥을 떠올리면 제가 받고 있는 이 고난은 고난도 아닙니다.
구더기도 죽지 않고 불도 꺼지지 않는 지옥을 떠올리면 저는 이 땅에서 행복한 사람으로 살아가는 자입니다.
사람마다 불로써 소금 치듯 함을 받고 있을 때 영원한 영광에 들어갈 것을 믿게 해주시니 이 얼마나 큰 은혜인지 몸 둘 바를 모르겠습니다.
주님 감사합니다. 주님 너무나 감사합니다.
영원한 죽음에서 건져 주신 나의 하나님을 찬양합니다.
경배합니다.
예배합니다.

불로써 소금 치듯 고통 받고 있는 지옥을 생각하면 이
고난도 잠시 잠깐일 뿐이오니 성령의 기쁨으로 이기게 하여
주시옵소서.
손가락 끝에 물을 찍어 혀를 서늘하게 해달라고 간청하는
부자를 생각하면 이 고난은 하나도 어렵지 않습니다.
이 땅에서는 아무리 힘든 일이 있어도 물 한잔을 먹을 수
있고 아무리 고통을 받아도 쉼을 얻어 잠을 잘 수 있습니다.
불꽃 가운데서 괴로워하는 사람들을 생각하며 지극히 작은
것에도 감사하게 하여 주시옵소서.
안 취하는 것이 복음의 힘입니다.
안 취하는 것은 하늘의 영광입니다.
안 받는 것이 복음을 전하는 능력이 됩니다.
안 누리는 것은 그리스도의 희생입니다.

안 취하고 못 취하는 것을 어리석은 고난이라고 생각하지
않게 하여 주시옵소서.
하늘에서 더 낫고 영구한 소유가 있는 것을 믿고 알고
있사오니 더 크게 채워주시옵소서.
하늘의 영광에 이르도록 나를 이끌어 주시옵소서.
나를 위해 죽음을 맛보신 주님이 어둠의 권세를 이기게
해주셨습니다.

예수님은 죽음의 세력을 잡은 자 마귀를 멸하시고 죽기를
무서워하여 한평생 종노릇하는 나에게 생명의 자유를
주셨습니다.
예수님의 이름으로 내 모든 질병에서 놓임 받았음을
믿음으로 선포합니다.
주님이 시험을 받아 고난을 당하셨은즉 시험받는 나를 능히
도우실 것을 믿습니다.

주께서는 심지가 견고한 자를 평강하게 하시고 평강하도록
지키신다고 말씀하셨습니다.
항상 주님을 신뢰하겠사오니 내 생각과 마음을 주의 손으로
지켜주시옵소서.
그러므로 내가 주의 이름을 선포하고 높여 드리며 내 영혼이
주를 찬송합니다.
나는 아무것도 없지만 다 가졌습니다.
내 안에 주님이 계시기에 내가 주님을 가장 사랑하기에 그
무엇도 아깝지 않습니다.
나의 생명조차 조금도 아깝지 않은 나의 사랑하는 주님을 내
심령을 다해 찬양합니다.
경배합니다.
영의 예배를 받으시옵소서.

나는 없어도 주님 계시면 지금 없던 존재가 천국에서는
영원한 영체가 됨을 믿습니다.
예수님의 피와 살을 먹는 것은 그리스도의 사랑을 먹는
것이라고 감동을 주신 우리 주 예수님의 이름으로 온 마음과
정성을 다하여 기도합니다.
아멘. 아멘. 아멘.

내가 전부터 주의 증거들을 알고 있었으므로 주께서 영원히 세우신 것인
줄을 알았나이다 시 119:152

상급을 만드는 치유기도

두려워하지 말라 나는 네 방패요 너의 지극히 큰 상급이니라 _{창 15:1}

오직 그리스도로 옷 입고 정욕을 위하여 육신의 일을
도모하지 않게 하여 주시옵소서.
그리스도와 합하기 위하여 성령 세례를 받은 자는
그리스도로 옷 입었음을 믿습니다.
그리스도께서 육체의 고난을 받으셨으니 나도 같은 마음으로
고난의 갑옷을 입고 살기를 원합니다.
그리스도와 육체의 고난을 함께 받은 저는 고난의 갑옷을
보석으로 취하여 죄를 버리고 그치게 되었음을 선포합니다.

오늘도 그리스도와 손을 맞잡고 말씀을 행함으로 믿음의
보석이 박히고 소망의 보석이 박히게 하여 주시옵소서.
그리하여 신부의 머리 위에 씌워진 빛나는 면류관에
예수님을 사랑하여 행한 모든 사랑의 보석이 아름답게
수놓은 사랑의 형상이 되기를 원합니다.
예수님의 사랑이 내 면류관에 눈부시게 박혀서 사랑받고
있는 그리스도의 신부로 살아가게 도와주시옵소서.
더욱 순전한 마음으로 그리스도의 발자취를 따라가기를
원합니다.
오직 그리스도만이 내 삶의 유일한 목표가 되기를

간구합니다.

순결하고 거룩한 삶을 살아간 그리스도의 신부가 되게 하여
주시옵소서.

순종의 걸음을 멈추지 않게 하여 주시옵소서.

믿음의 걸음을 멈추지 않게 하여 주시옵소서.

복음의 발걸음이 아름다운 찬양의 향연이 되기를 원합니다.

거룩의 연단이 계속되기를 원합니다.

고난과 연단이 기도의 향연이 되어 영의 예배가 되게 하여
주시옵소서.

사랑의 행함을 멈추지 않게 하여 주시옵소서.

아낌없이 사랑만 남기고 살아가는 신부로 살게 하여
주시옵소서.

용서의 예배가 내 삶에 기쁨이 되게 하여 주시옵소서.

겸손의 예배가 내 삶에 동기가 되게 하여 주시옵소서.

친절과 양선이 그리스도를 전하는 하늘의 입술이 되기를
원합니다.

말씀의 복종이 내 삶에 기준이 되게 하여 주시옵소서.

주님이 예비해 놓으신 영혼들을 위한 삶을 살게 하여
주시옵소서.

나는 그리스도 때문에 모든 것을 잃고자 순종의 멍에를
맵니다.
무거운 멍에가 답답할지라도 주님과 함께하면 자유함을 얻을
수 있습니다.
나는 그리스도 때문에 모든 것을 잃고자 순종의 멍에를
맵니다.
나는 주님 때문에 모든 것을 잃고자 내 자아가 죽고 죽어 또
죽게 하여 주시옵소서.
나는 예수님의 십자가를 가슴에 안고 모든 것을 잃고자 항상
죽고 수시로 죽기를 원합니다.
나는 그리스도 안에서 모든 것을 얻고자 내 거짓 자아를
버립니다.
나는 말씀 속에서 모든 것을 얻고자 내 육신의 정욕을
버립니다.
나는 그의 나라와 의를 얻고자 이생의 자랑을 버립니다.
나는 복음의 멍에를 매고 모든 것을 얻고자 안목의 정욕을
버리겠습니다.

말씀의 끈을 내 손목에 차고 사랑의 허리끈을 내 마음에
동여서 땅끝까지 복음을 전하는 하늘의 특사로 살기를
원합니다.

세상 것을 버리면 버릴수록 그리스도의 마음으로 채워지게
하여 주시옵소서.
세상 것을 흘리면 흘려 낼수록 그리스도의 사랑으로
가득해지게 하여 주시옵소서.
이전보다 더 강력한 기도의 저력을 내려 주시옵소서.

순종의 돌파구는 오직 기도와 말씀의 전진만 있을 뿐입니다.
나 한 사람을 땅바닥에 집어 던져서 그리스도 안에
많은 상급자들이 나올 수만 있다면 저 밑바닥을 향하여
저돌적으로 전진하게 하여 주시옵소서.
내 고집과 교만의 머리가 깨지고 내 경험과 지식의 머리가
부서지도록 겸손의 땅바닥으로 내려가게 하여 주시옵소서.
깨지고 부서질수록 그리스도 안에서 온전한 영체가 될 것을
믿습니다.
내 겉사람은 피를 흘리며 고난 가운데 있겠으나 내 속사람은
밝고 밝은 하늘에 속한 것을 기뻐하게 하여 주시옵소서.
내 삶에 아로새겨진 예수님의 핏자국을 겸손 가운데
따라가겠습니다.
예수님의 핏자국은 눈물의 희생이요, 고난의 십자가를
하늘의 만나로 먹는 것임을 고백합니다.
예수님의 피 흔적을 따라가는 신부가 되게 하여 주시옵소서.

하나님과 바짝 붙어 동행하여 내 안에 흔들림 없는 평안으로
살기를 원합니다.
죽음의 위협 앞에 선 스데반처럼 천사의 얼굴로 평안을 잃지
않게 하여 주시옵소서.
내 얼굴에 자리 잡은 예수님의 온유와 겸손이 묻어 나오게
하여 주시옵소서.

내 마음에 아로새긴 말씀을 정금보다 사랑합니다.
내 심중에 자리 잡은 하나님의 말씀을 내 삶의 옷으로 입고
살기를 원합니다.
나약한 나를 신실한 신부로 빚어 가시는 하나님을
찬양합니다.
내 인생에 새겨진 예수님의 손자국을 하나씩 찾아가며
살겠습니다.
그리스도의 선명한 핏자국을 거룩한 흔적으로 만들며
살겠습니다.
날마다 나를 부인하여 세상의 가치와 안락함을 과감히
버리고 살겠습니다.
내 질병의 가시를 순종의 빛으로 짊어지고 말씀의 십자가로
짊어지고 살아가겠습니다.
고난받을수록 커지는 질병의 가시가 장차 천국에서 받게 될

면류관의 무게가 되게 하여 주시옵소서.

고난 가운데에서도 불의 세력을 멸하기도 하고 악한
자의 칼날을 피하기도 하며 연약한 중에도 강하게 되기를
원합니다.
죄로 가득 찬 영적 전쟁에 용감하게 싸워 이기게 하여
주시고 이방 사람들의 진을 물리칠 수 있는 저돌적인 믿음을
주시옵소서.
다른 사람에게 말의 고문을 당하고 관계적 고문을
겪을지라도 예수님의 골고다 발자취를 그대로 따라가게
도와주시옵소서.
나의 고생이 거룩한 예배가 되게 하여 주시고 나의 고난이
빛나는 상급 면류관이 되어 우리 주님께 벗어 드릴 기쁨의
자랑이 되기를 원합니다.
이 가시밭길이 나의 죄로 인해 생겼을지라도 이제는 회개의
문에 들어갔사오니 생명의 길이 되게 하여 주시옵소서.
내가 밟고 있는 자갈밭도 주님이 일궈 놓으시면 옥토가 될 줄
믿습니다.
내가 들어간 불구덩이도 주님이 함께하시면 시원한 그늘이
되게 하여 주실 줄 믿습니다.
오늘도 그리스도의 깃발을 들고 거침없이 전진하겠습니다.

주님이 걸으시라 하시면 걷겠고 주님이 원하지 않으시면
그 자리에서 있겠고 주님이 뛰라 명하시면 사정없이
뛰겠습니다.
오늘도 내일도 보혈의 깃발을 들고 주저 없이 나아갑니다.
주님이 멈추라면 아무리 급해 보이는 것도 멈추고
주님이 달리라고 하시면 아무리 여유로워 보일지라도
달려가겠습니다.
세상이 주는 모든 것을 받는 대신 오직 그리스도만 얻는다면
만족하고 기뻐할 것입니다.

언제 어디서 무엇을 하든지 우리 주님 안에 거하는 자가
되기를 원합니다.
내가 가진 모든 것을 내려놓는 대신 보혈의 권세를 얻고자
합니다.
내 안에 있는 정욕을 다 가져가시고 주님의 것으로만
채워주시옵소서.
내가 가진 모든 것을 우리 주를 위해 쏟아 버리게 하여
주시옵소서.
내가 가진 모든 것을 복음과 영혼 구원을 위해 쏟게 하여
주시옵소서.
내 겉사람을 고난의 가시 때문에 바짝 말라 볼품없는 앙상한

나뭇가지로 만든다 하여도 그의 나라와 의를 위한 것이라면
조금도 주저하지 않겠습니다.
나에게 찾아온 고난을 끝내려 하지 말고 그 고난을 성령의
힘으로 이기게 하여 주시옵소서.

순교하는 고난의 영광을 얻어 순교자의 삶을 말씀 안에서
이루고 살기를 원합니다.
그리스도 안에서 내 자아의 죽음은 순교의 영광이 됨을
믿습니다.
바싹 마른 나뭇가지가 된 내 자아를 성령의 불로 태워 주셔서
주변에 있는 영혼들에게 주님의 따뜻한 사랑을 알리고 재가
된다고 할지라도 기꺼워하기를 원합니다.
나는 재가 되어 없어질지라도 생명을 받은 또 다른 생명이
복음을 위해 살 것을 기대하게 되니 감사한 마음만 있을
뿐입니다.
내 자아가 말씀의 소금이 되어 고난의 물속에 던져
사라질지라도 짠물로 바뀐 영혼들이 그리스도의 옷을 입고
복음자로 살게 될 것이 믿어집니다.
예수님의 이름 때문에 당하는 고난을 하늘의 특권으로
누리며 살게 하여 주시옵소서.
예수님의 이름으로 인해 생기는 거룩한 흔적을 기념책에

기록하여 주시옵소서.

나의 가장 큰 자랑과 영광은 그리스도의 고난이 나의 고난이
되는 것입니다.

맞습니다 주님 이것이 내가 원하는 삶입니다.

그렇습니다 주님 내가 없어지고 사라지도록 사는 것이 우리
주님의 이름을 높여 드리는 나의 예배입니다.

주님 앞에 서는 그날에 예수님의 이름 때문에 받은 거룩한
흔적을 가득 지고 보좌 앞으로 나아가겠습니다.

두려웠던 하나님의 심판대가 그립고 기대되는 상급의
잔칫집이 되게 하여 주시옵소서.

그리기 위해서는 지금 내려가야 합니다.

잔칫집에 초대받기 위해서는 지금 영의 것을 바라보고 영의
눈을 가지고 살아가야 합니다.

지금만이 나의 시간이요 지금만이 순종할 수 있는 영원한
기회임을 믿습니다.

내 삶에 새겨진 십자가의 흔적을 예배로 올려 드립니다.

고난의 광야에 새 길을 내어 주시옵소서.

슬픔의 광야에 새 기쁨을 내어 주시옵소서.

메마른 광야에 샘물이 넘쳐 흐르게 하여 주시옵소서.

예수님의 마음으로 보고 듣고 생각하여 행동하는 모든 것이
복음의 강력한 증거가 되기를 원합니다.

주님이 기뻐하시는 일에 하나님의 열심을 가지고 살게 하여
주시고 내 안에 있는 상처의 쓴뿌리들을 성령의 불로 제거해
주시옵소서.

아브라함의 믿음으로 순종하는 삶을 살게 하여 주시고
요셉처럼 하나님의 꿈을 꾸는 자가 되게 하여 주시옵소서.

모세같이 나라와 민족을 살리는 영적인 종이 되어 영혼들을
죄의 구덩이에서 출애굽 해 줄 수 있는 기도의 능력을
주시옵소서.

왕이라고 할지라도 다윗처럼 자기 죄를 인정하고 눈물로
베개를 적시는 회개의 기도를 주시옵소서.

사무엘의 영성을 가지고 주님의 음성을 듣게 하여 주시고
요한처럼 주님을 사랑하게 하여 주시옵소서.

살아계신 하나님, 사도 바울의 삶을 본받아 복음에
사로잡히고 살아가는 삶을 살게 하여 주시옵소서.

베드로처럼 낙심과 실패를 뛰어넘는 믿음을 가지고 불같이
살게 하여 주시고 십자가에서 거꾸로 매달리는 겸손한
은혜를 주시옵소서.

무너진 마음을 다시 세워 주시고 깨지고 부서진 마음을 다시
회복시켜 주시옵소서.

무너진 몸을 다시 회복시켜 주시고 깨지고 부서진 몸을
새롭게 치유해 주시옵소서.
내가 십자가에서 죽어 없어질 때마다 내 모든 짐을 주께서
대신 지어 주시옵소서.
상황과 조건이 바뀌지 않아도 하나님의 위로와 평안은
날마다 넘치게 하여 주시옵소서.

예수님의 십자가는 주님이 전부를 걸고 아버지께 단번에
올려드린 예배입니다.
십자가에서 죽으심은 나의 허물과 죄 때문에 주님이 모든
것을 아버지께 드린 예배였습니다.
이제 나도 예수님의 십자가를 지고 전부를 거는 예배자로
살게 하여 주시옵소서.
날마다 십자가에서 내 자아가 죽어 주님께 전부를
내어드리는 예배자가 되기를 간구합니다.
십자가에서 지금 죽어 없어져야만 새로운 부활체를 얻을 수
있습니다.

십자가에서 지금 소멸되어야만 영광스러운 부활의 몸이 될
수 있음을 믿습니다.
예수님의 자원하신 순종과 복종이 가장 위대한 희생이신

것처럼 나의 자발적 순종과 복종도 가장 빛나는 희생이 되게
하여 주시옵소서.
거친 풍랑 한가운데서도 풍랑을 보지 않고 나의 시선은 오직
주님께만 맞춰지게 하여 주시옵소서.

주님께서 내 마음의 풍랑도 잠잠하라 명령하시면 내가
평안을 누릴 수 있겠습니다.
주님께서 내 생각의 풍랑도 잠잠하라 말씀하여 주시면 내가
평강으로 살 수 있겠습니다.
주님께서 내 삶의 풍랑도 말씀으로 명하사 요동하지 않게
도와주시옵소서.
모든 근심과 염려의 풍랑들아 예수님의 이름으로 명하노니
지금 즉시 잠잠할지어다.
내 고난의 길이 반석의 길이 되게 하여 주시고 걸을 때마다
천국집을 짓는 보석길이 되게 하여 주시옵소서.
예수님 이름 때문에 고난 당할 수 있는 거룩한 자격을
주시옵소서.
예수님의 삶으로 말하고
예수님의 삶으로 생각하고
예수님의 삶으로 계획하고
예수님의 삶으로 보고 듣고 생각하게 하여 주시옵소서.

예수님의 삶으로 행하며 살고 주님의 옷을 입고 살게 하여
주시옵소서.
모두가 바라고 원하는 자리는 마음에 두지 않게 하여
주시옵소서.
하나님이 기뻐하시면 세상 것에 미련도 욕심도 갖지 않게
하여 주시옵소서.
주님이 원하시면 돌아가는 것도 기쁘게 여기기를 원합니다.
주님이 기뻐하시면 끝도 없이 반복되는 아픔도 감사로
예배하게 하여 주시옵소서.

예수님의 성품이 내 속사람의 성품이 되게 하여 주시옵소서.
예수님의 성품으로 살기를 원합니다.
성령께서 하나님의 뜻대로 마음껏 일하여 주시옵소서.
예수님의 사랑과 희생을 전적으로 본받기를 원합니다.
삶으로 말하고 행함으로 증명해야 진짜 그리스도인이 됨을
믿습니다.
상황과 환경에 갇혀서 육으로만 살지 말고 상황을 뛰어넘고
환경을 이기는 믿음을 주시옵소서.
그러므로 항상 습관처럼 기도하게 하여 주시옵소서.
십자가는 선망의 대상이 되고 세상 쾌락은 기피의 대상이
되게 하여 주시옵소서.

하나님의 심판대 앞에 갔을 때 주님의 핏값으로 산 신부로
칭찬받기를 원합니다.
하나님의 심판대가 예수님과 함께 아버지 앞에선 영적인
상견례가 되게 하여 주시옵소서.
무서웠던 심판대가 아버지와 수많은 천인들 앞에 선
공식적인 혼인 잔치가 되기를 간절히 소망합니다.
주님이 사랑하는 신부의 모습으로 칭찬받는 상급자가 되게
하여 주시옵소서.

오늘도 무릎 꿇는 거룩한 기도자가 되게 하여 주옵시고 기도
가운데 항상 주님과 동행하기를 원합니다.
기도로 배우고 기도로 주님의 뜻을 이루고 기도로 죄와
세상과 싸워 이길 수 있게 하여 주시옵소서.
내가 가는 곳마다 영의 말씀을 선포할 때 말씀이 살아
움직이게 하여 주시옵소서.
내 입술에 있는 말씀이 좌우에 있는 날 선 검이 되기를
원합니다.
말씀의 기도가 활력이 되게 하여 주시옵소서.
기도는 내가 죽어 없어지는 것입니다.
영의 기도는 내 자아가 사라지고 성령의 임재가 되는
것입니다.

내가 죽는 기도를 하여 하나님이 가장 기쁘시게 받는 최고의
기도가 되게 하여 주시옵소서.

내 안에 내가 있으면 죄인이 되지만 내 안에 성령이 계시면
의인이 됩니다.

말씀으로 믿고 성령으로 행하고 믿음으로 보고 보혈의
힘으로 구원을 이루어 나가게 하여 주시옵소서.

지옥은 회개가 안 되어서 가는 곳입니다.

내 안에 작은 죄가 있는지 항상 성령께서 말씀의 빛을
비춰주셔야 내 영혼이 살 수 있습니다.

말씀을 선포하며 아멘 할 때마다 성령이 생명수가 되어 내
영이 먹게 하여 주시옵소서.

아멘은 내 영이 하늘의 양식을 먹게 되는 믿음의 고백입니다.

예수님의 보혈로 성소에 들어갈 담력을 얻게 하여 주시고
예수님의 피뿌림이 지성소에 들어갈 신부된 권세가 되기를
간구합니다.

주님이 이끄시는 기도를 원합니다.

말씀이 이끄시는 기도를 원합니다.

성령님이 이끄시는 기도를 원합니다.

하나님이 말씀을 보내어 나를 고치시고 위험한 지경에서
건져내 주시옵소서.

말씀은 영이요 생명입니다.
말씀을 들을 때 내 영이 살아나고
말씀을 들을 때 악한 영이 떠나가고
말씀을 들을 때 질병이 치료됨을 믿습니다.
말씀이 내 속사람과 겉사람의 질병을 치료하고 해결해 주실
것입니다.
병 고치는 것도 말씀이 성령으로써 해결해 주실 것을
믿습니다.
말씀을 들을 때 하늘의 불을 받게 될 것입니다.
하나님의 말씀이 불처럼 뜨겁고 반석을 쳐서 부스러뜨리는
생수의 권능이 됩니다.
말씀이 불입니다.
말씀이 병을 고치고 말씀이 귀신을 쫓아냅니다.
하나님 안에서 희귀병은 있어도 불치병은 없습니다.
주 뜻대로 해결해 주시옵소서.
말씀이 일을 합니다.
말씀이 일을 이루실 것입니다.
예수 그리스도의 이름으로 명하노니 오직 성령으로 충만함을
받으라. 아멘 아멘 아멘.

성령의 충만함을 받고 성령이 말하게 하심을 따라 기도하게
하여 주시옵소서.
그의 나라와 의를 위하는 기도가 바로 전도이며 영혼구원을
이루는 것입니다.
최악의 핍박자가 내 앞에 나타날지라도 최고의 전도자로
살게 하여 주시옵소서.
세상에서는 버림받아도 하나님께는 택정 받은 자로 살기를
원합니다.

예수님 때문에 내 이름이 없어진 것에 감사드립니다.
말씀 때문에 내 이름이 사라진 것에 감사드립니다.
주님이 가장 사랑하시는 무명의 기도자가 되기를 원합니다.
주님이 가장 아끼시는 골방의 기도자가 되기를 원합니다.
주님이 가장 사랑하시는 은밀한 기도자가 되기를 원합니다.
나의 절망이 기도의 시작이 되게 하여 주시옵소서.
나의 고난이 기도의 시작이 되게 하여 주시옵소서.
나의 실패가 기도의 불이 되게 하여 주시옵소서.
나의 절망이 더욱 간절해지는 기도가 되게 하여 주시옵소서.
나의 고난이 더욱 간절해지는 기도가 되게 하여 주시옵소서.
나의 실패가 더욱 간절해지는 기도가 되게 하여 주시옵소서.
나의 좌절이 더욱 간절해지는 기도가 되게 하여 주시옵소서.

이 과정이 더 큰 하늘의 축복을 받기 위한 것임을 믿고 살게
하여 주시옵소서.
기도 응답이 늦어지면 더 크게 응답해 주실 것을 믿고
낙심하지 않겠습니다.

내 마음과 생각이 하나님과 온전히 연합되는 기도가 되게
하여 주시옵소서.
기도가 하나님을 만나는 에덴의 축복이 되기를 원합니다.
기도하는 자에게 주시는 가장 큰 보상은 성령으로
충만해지는 것입니다.
나의 기도가 주께서 주시는 승리의 증거가 되게 하여
주시옵소서.
나의 기도가 주께서 주시는 사랑의 증거가 되게 하여
주시옵소서.
나의 기도가 주께서 주시는 말씀의 증거가 되게 하여
주시옵소서.
나의 기도가 주께서 주시는 거룩의 증거가 되게 하여
주시옵소서.
나의 기도가 주께서 주시는 겸손의 증거가 되게 하여
주시옵소서.
나의 기도가 주께서 주시는 상급의 증거가 되게 하여

주시옵소서.

항상 마음을 새롭게 하여 언제나 새롭게 역사를 이루는
기도가 되기를 간청합니다.
오늘도 승리의 깃발을 적지에 꽂는 기도가 되기를 원합니다.
오늘도 보혈의 깃발을 적지에 꽂는 간구가 되기를 원합니다.
기도의 불이 사랑의 불이 되어 복음으로 살게 하여
주시옵소서.
기도의 불을 붙여주는 무명의 기도자가 되게 하여
주시옵소서.

하나님이 주의 말씀을 드러내고 말씀대로 하나님의 빛을
비추시려고 사람들에게 저를 사용하고 계십니다.
주께서 내 마음의 중심과 생각의 동기를 보시고 하나도 땅에
떨어지지 않고 하나님께 예배가 되게 하여 주시옵소서.
하나님의 정의와 복음을 전하기 위하여 드러낼 수밖에
없었던 말씀의 행함을 보시고 하나님의 공의대로 갚아
주시옵소서.
자랑하지 않고 주의 뜻을 전하려고 하였습니다.
드러내지 않고 주의 정의를 전하려고 하였습니다.
나를 가장 낮은 밑바닥에 집어 던져 우리 주님을 높여

드리려고 힘쓰고 애써 노력하였습니다.

겸손 또 겸손 오늘도 겸손 내일도 겸손 지금도 겸손의 멍에를
내 몸에 차고 살기를 원합니다.

사랑 또 사랑 오늘도 사랑 내일도 사랑 지금도 사랑의 멍에를
내 몸에 차고 살기를 원합니다.

기도 또 기도 오늘도 기도 내일도 기도 지금도 기도의 끈을
내 몸에 차고 살기를 간구합니다.

그러므로 예수님을 위하여 날마다 죽는 것은 날마다
하늘에서 영원한 결혼식 예행이 일어나고 있음을 기억하고
살겠습니다.

내 거짓된 자아가 죽는 것은 내 영체가 주님과 결혼하는
연습이 됨을 믿습니다.

날마다 죽고 수시로 죽고 끊임없이 죽어서 온전한 혼인을
이루게 하여 주시옵소서.

내 육신의 장막이 죽는 것이 내 영혼의 영체가 살아나는
것임을 믿습니다.

내 겉사람은 무너지고 부서지고 붕괴되는 만큼 내 속사람은
더욱 강하고 새로워지게 하여 주시옵소서.

내 겉 사람이 낡아지고 닳아 없어지는 만큼 내 속사람은 더욱
온전한 영체로 빛나고 새로워질 것입니다.

지금 내 자아가 주 안에서 죽어야 새로워질 수 있고 더 좋은
부활을 얻을 수 있습니다.
지금 없어져야 영원한 새로움이 생겨날 수 있음을 믿습니다.

지금 사라지고 소멸되어야 영원한 존재와 영광된 부활의
몸을 입을 수 있게 될 것입니다.
그러므로 지금 낮아지고 바로 내려가야 장차 천국에서
영원히 높아지게 될 것입니다.
두고 보기에도 아까운 그리스도의 신부로 살게 하여
주시옵소서.
사람들의 인정을 구하고 있는 동안에는 주님께 인정을 받지
못하게 됩니다.
사람들의 칭찬과 존경을 받고 있는 동안에는 주님께 상급을
받지 못하게 됩니다.
사람들에게 존경을 받고 있는 동안에는 주님 앞에 영예로운
모습으로 서지 못하게 됩니다.

사람의 인정을 구하지 않고 마음속 깊은 동기가 정말
하나님을 사랑하고 예수님을 더 사랑하여 주님을 더 알기를
원하고, 하나님의 이름을 영화롭게 하는 마음이 내 심령에

항상 있게 하여 주시옵소서.

사람에게 칭찬을 받지 않아도 내 마음속 동기가 자랑하기
위한 것이라면 주님께 인정받지 못한다는 것을 기억하고
살겠습니다.

하나님이 내 마음을 주관하여 주시고 다스려 주셔서
교묘하게라도 속이지 않게 하여 주시옵소서.

오직 주님만 바라보고 주님만 사랑하게 하여 주시옵소서.

예수님의 십자가만이 나의 전부입니다.

하나님의 말씀만이 나의 전 재산입니다.

세상에 속하지 않은 내 마음을 받아 주시옵소서.

천국에 속한 자의 형상을 입은 온전한 영체가 되기를
원합니다.

사탄이 내 앞에 와서 나를 참소하지 못하도록 보혈로 덮어
주시옵소서.

심판하는 기준대로 살게 하여 주시옵소서.

오직 예수님을 통해 죄 사함을 믿고 고백하고 항상 감사하며
살기를 원합니다.

그리스도께서 원하시는 말씀대로 믿지 않고, 내 멋대로,
내 감정대로, 내 욕심대로, 내 기분대로 교묘하게 죄를
지어가면서 그 죄를 누리고 살아온 어리석은 죄인을

용서하여 주시옵소서.

나의 소견과 경험대로 내 마음대로 믿는 거짓된 믿음을
용서하여 주옵시고, 가장 편하고 쉽게 믿는 믿음으로 살아온
것을 믿음이라고 스스로 자기 합리화하며 살아온 죄를
용서하여 주시옵소서.

하나님의 말씀으로 나를 연단하시고 단련시켜 주시옵소서.

삶이 어려우면 어려울수록 더 큰 믿음을 키워낼 수 있게 하여
주옵시고, 하나님을 향한 박해가 심하면 심할수록 말씀을 내
생명보다 더 신뢰하며 붙잡고 나아갈 수 있게 하여 주옵소서.

예수 그리스도를 믿기 때문에 핍박을 당하고 사람들에게
멸시와 천대를 받아도 요동하지 않기를 원합니다.

어떤 비웃음과 조롱을 당하여도 하나님이 주신 거룩한
고난으로 받아 만나처럼 먹게 하여 주시고, 그 고난을
거룩으로 이뤄낼 수 있는 믿음을 주시옵소서.

꿋꿋하게 십자가의 믿음을 지키며 나아가는 그리스도의
신부가 되기를 원합니다.

신랑이 하신 말씀을 하나도 놓치지 않고 신랑의 뜻을 받들고
살기만을 원합니다.

사모함을 가진 그리스도의 신부가 되어 신랑의 말씀에

전부를 걸고 살게 하여 주시옵소서.

예수님이 내 죄를 대신하여 십자가에 못 박히신 것을 믿고
고백합니다.
나의 죄 때문에 죽으신 예수님이 삼 일 만에 부활하신 것을
믿고 사는 것이 하나님 앞에 가장 큰 예배임을 믿습니다.
한시도 거르지 않고 기도하게 하여 주시옵소서.
전 세계에 뿌려진 기도와 말씀이 하나님 앞에 상달 되기를
원합니다.
아무리 악한 자들이 십자가를 훼손하고 부러뜨려도 하나님의
복음은 말씀대로 전해지고 증거가 될 것입니다.
훼손된 자국이 재생될 것이며 부러진 곳에서 그리스도의
생명이 다시 돋아날 것입니다.
순교자들의 희생과 사랑이 나의 삶이 되게 하여 주시옵소서.
근심과 슬픔의 날이 예수 그리스도의 이름으로 떠나게 하여
주옵시고 내 구원의 하나님을 기억하며 능력의 반석을
마음에 두고 살게 하여 주시옵소서.
내 마음에 있는 욕심의 가라지를 뿌리째 뽑아 우리
주 하나님께 삶의 전제물로 드리게 하여 주시옵소서.
할 수 있는데도 하지 않는 것 취할 수 있는데도 취하지
않는 것 누릴 수 있는데도 그 누림의 특권을 우리 주님께

내어드리는 것이 그의 나라와 의를 위하여 사는 것임을
믿습니다.
내 자아를 내어드려서 주님의 이름만 높이 드러나게 하여
주시옵소서.
그분의 이름이 거룩하게 여김을 받으시고 오직 하나님만이
모든 영광을 받으시도록 최대한 저는 조용히 엎드려
있겠습니다.

다윗은 겸손의 날개를 만들었으나 겸손의 날개를 관리하지
못해 하나님 앞에 죄를 지어 추락하게 되었습니다.
바울은 겸손의 날개를 만들었고 겸손의 날개를 관리하였으나
수시로 죽지 못하여 죄의 법 아래로 끌려 내려갔습니다.
혹여나 내 안에 지극히 작게라도 자기의가 있거나 숨어 있는
자기 의를 드러낼 의도가 있다면 예수님의 십자가 보혈로
용서해 주셔서 반드시 일 점도 땅에 떨어지지 않고 하늘에서
온전히 칭찬받아 상급으로 되찾게 하여 주시옵소서.

오직 하나님의 뜻과 하나님의 정의와 하나님의 공의대로
판단하시사 주를 향한 나의 공적이 심판대 앞에서 불타지
않게 도와주시옵소서.

나의 심중을 보시고 폐부를 감찰하시되 숨어 있는 자기의가
있을 때에는 여지없이 보혈의 칼로 악한 마음을 제거하여
주시옵소서.
그리하여 사람들에게 나의 행적을 나타내고 드러낼 때에
오직 하나님의 이름만 드러나기를 원합니다.
나의 죄된 인정받음과 칭찬과 이 땅에서의 영광은 저 멀리
버리고 살게 하여 주시옵소서.
심중에라도 으스대지 않게 하여 주시고 생각 속에
오묘하게라도 자고하지 않게 하여 주시옵소서.
항상 겸손의 옷을 입어 하나님의 뜻을 전하고 어떤
상황에서도 마음과 생각이 높아지지 않게 하여 주시옵소서.

비겁한 죄의 노예로 복종하고 살지 않기를 원합니다.
다른 것을 말하고 전할 마음이 없습니다.
두루 도는 성령의 불칼을 주시옵소서.
성령의 화염검이 나를 지키게 하여 주시고 불말과 불검이
악한 영들과 대적하게 하여 주시옵소서.
나도 모르는 마음속 깊은 곳에서도 그의 나라와 의를 위한
동기로 살게 해주시옵소서.
하나님 중심으로 살기를 원합니다.
불완전한 내 자아를 내어드립니다.

세상의 기준이 아니라 하나님의 기준으로 살게 하여
주시옵소서.
개미는 두령도 없고 감독자도 없는데 여름 동안에 먹을 것을
예비하여 추수 때에 양식을 모읍니다.
그러나 하나님의 뜻대로 지음을 받은 저는 벌레만도 못하게
사는 경우가 많습니다.
지으심을 받은 주의 뜻대로만 살게 하여 주시옵소서.
예수님과 연합하여 그리스도 안에서 나는 죽고 오직 주님만
드러나는 삶이 되기를 원합니다.
무엇을 잘하려고 노력하려는 것보다는 주님과 하나가 되어
함께 우리 주님의 발걸음을 맞추며 살게 하여 주시옵소서.

하나님의 나라와 의를 위하여 기도하는 무명의 기도자가
되게 하여 주시옵소서.
성령의 능력이 최고로 나타나도록 내 안에 죄의 걸림돌을
제거하여 주시옵소서.
말씀을 읊조리며 기도하는 동안 내 귀에 들리는 대로 믿음의
양식이 되게 하여 주시옵소서.
예수님이 곧 오실 것을 알고 준비하는 가장 지혜로운 신부로
살기를 간절히 원합니다.
단 한 명이라도 주님 곁을 지키고 있다는 믿음으로 충성을

다하는 종이 되게 하여 주시옵소서.

무명인의 비워진 삶을 유명인의 채워짐으로 바꾸지 않게
하여 주시옵소서.
무명인이 되어 아무것도 원하는 것이 없는 겸손한 자가
되기를 원합니다.
유명인은 작은 것이라도 원하는 것이 있게 되어 넘어질 수
있음을 기억하되 무명인의 삶에 만족하고 감사할 수 있도록
은혜를 부어 주시옵소서.
이 땅에서는 심령이 가난한 자로 살아가는 무명인이 되어
하늘에서는 영원한 존귀 가운데 칭찬받는 유명인이 되게
하여 주시옵소서.
땅에서는 당연한 것처럼 거지로 살게 하시되 하늘에서는
예수님과 함께 영광 가운데 살게 하여 주시옵소서.
지금은 근심하는 자 같이 살게 하여 주시고 천국에서는
영원한 기쁨 가운데 살게 하여 주시옵소서.
지금은 가난한 자 같이 살게 하여 주시되 주의 말씀으로
사람들을 부요하게 만들어 주는 종의 삶을 살게 하여
주시옵소서.
아무것도 없는 자 같아도 사랑하는 나의 주님이 내 안에
내주하고 계시므로 나는 모든 것을 가진 자입니다.

그리스도 안에 일만의 스승이 있고 일만의 지혜가 있으니
항상 기도 가운데 우리 주님과 동행하는 은혜를 입혀
주시옵소서.
나에게 꺼지지 않는 말씀의 등불이 되어 주시고 경건과
거룩함으로 무장하게 해 주실 우리 주 예수 그리스도의
이름으로 기도합니다. 아멘 아멘 아멘.

무명한 자 같으나 유명한 자요 죽은 자 같으나 보라 우리가 살아있고

징계를 받은 자 같으나 죽임을 당하지 아니하고 고후 6:9

하나님은 한 분이시요
또 하나님과 사람 사이에 중보자도 한 분이시니
곧 사람이신 그리스도 예수라

[디모데전서 2:5]